IMPRIMERIE GUSTAVO MODIANO & C. - MILAN.

LA GUERRE D'ITALIE

PUBLIÉ PAR LES SOINS
DU
·TOURING·CLUB·ITALIEN·
MILANO - CORSO ITALIA, 10

POUR LA CONNAISSANCE DE LA PARTICIPATION ITALIENNE À LA GUERRE CONTRE LES EMPIRES CENTRAUX

CETTE PUBLICATION · PARAISSANT EN UN MILION D'EXEMPLAIRES · DANS LES ÉDITIONS ITALIENNE · FRANÇAISE · ANGLAISE · ALLEMANDE · RUSSE · ESPAGNOLE ET PORTUGAISE · EST GRATUITEMENT RÉPANDUE À L'ÉTRANGER · GRACE AUX CONTRIBUTIONS RECUEILLIES PAR LE

TOURING · CLUB · ITALIEN ·

LA GUERRE D'ITALIE

L'Association qui, depuis des années, répand la connaissance et l'amour de la Patrie italienne, en l'illustrant dans ses paysages et dans ses monuments, est fière d'offrir aux Nations alliées ce rapide tableau de ce qui est, jour par jour, la tâche accomplie par l'Italie dans la guerre du monde.

Poussée dans le conflit par la force de son héritage d'idéal et de ses nécessités de nation, l'Italie s'est trouvée devant une zone âpre et inclémente et devant de nouvelles méthodes de guerre, sur lesquelles elle a dû façonner et, pour ainsi dire, créer de nouveau son armée, dont l'impétuosité native s'est changée en autant de vertu de résistance et d'attente.

Les troupes combattantes ont été soutenues par l'activité de toute la population, qui a apporté des contributions multiples à la cause généreuse, pour que les frères en armes sentissent derrière eux, debout, la nation tout entière, dans les alternatives des hasards de la guerre, pour qu'ils en sentissent la confiance immuable et l'amour toujours plus vif.

C'est ce que le Touring Club Italien a voulu expliquer aux Nations alliées, en réunissant dans une rapide synthèse tout ce qui a été fait jusqu'ici par l'armée italienne au front, par le peuple italien dans le pays : et elle l'a voulu, afin que la concorde des peuples armés pour le salut de l'Europe s'affermît davantage ; elle l'a voulu, afin que, de cette manière, une récompense fût dès à présent assurée à la valeur et au sacrifice des braves qui ont tant fait et qui font tant encore, en combattant au nom de l'Italie pour les droits de l'universelle justice.

LE TOURING CLUB ITALIEN.

LA GUERRE D'ITALIE

Sa Majesté VICTOR EMMANUEL III, Roi d'Italie,
Chef suprême de l'Armée et de la Flotte.

La volonté de l'Italie.

Le deuxième anniversaire de guerre.

Le 23 mai 1917, deuxième anniversaire de la guerre italienne, a été une journée de dure bataille sur le Carso, et de forte victoire.

Après dix heures d'un bombardement infernal, dont la vision de nuage et de flamme cachait une règle parfaite sortie d'une méthodique préparation, les infanteries italiennes, habiles et audacieuses, s'élançaient à l'attaque, à l'heure où le soleil frappait sur leurs épaules. Elles enlevaient d'assaut des lignes ennemies très fortifiées, brisaient le coin de fer de l'extrémité de l'aile gauche autrichienne, faisaient, en quelques heures, neuf mille prisonniers environ, échappés au massacre et au bouleversement produits par cette action formidable et imprévue.

Cette bataille et cette victoire ont paru une célébration, non point pour une simple coïncidence de dates, mais parce que, au bout de deux ans, elles ont comme répété dans le monde cette révélation d'une nouvelle Italie, qui s'était déjà produite le jour où, la première entre les grandes Puissances, l'Italie entrait *volontairement* dans le terrible conflit européen. En effet, cette dure et rapide bataille, cette

« Guerre de géants ! » Telle a été définie la guerre italienne par tous ceux qui ont eu l'occasion de visiter le front et les visiteurs ont été les hommes les plus illustres et les plus compétents des Nations Alliées. Cette définition, qui fait tant d'honneur à l'Italie, trouve une expression suggestive dans l'effort magnifique de l'artillerie. Avant de battre les positions adversaires, elle a dû battre les difficultés terribles du terrain.

forte victoire, qui suivait l'autre action tenace et victorieuse commencée le 12 mai contre l'aile droite ennemie du front de l'Isonzo, apparaissait nécessairement ce jour-là comme le centre de toute la vaste guerre européenne.

Au front occidental, c'était la trêve qui suivait l'offensive par laquelle les Anglo-Français avaient pressé à ses flancs la retraite de Hindenburg. Au front russe, c'était la paralysie provoquée par la révolution; pis encore : c'était l'embûche d'une fraternisation qui permettait aux divisions allemandes et autrichiennes de se transporter, reposées et désireuses d'imposer la paix par un dernier effort, là où la bataille faisait rage. Au front italien, on avait été, depuis plusieurs mois, menacé de la plus terrible offensive ennemie, à la fois dans le Trentin et sur l'Isonzo, décidée à atteindre le but qui avait été manqué lors de l'offensive autrichienne de mai 1916 : la « punition » de l'Italie. Aux forces autrichiennes s'ajouteraient des forces allemandes, affirma-t-on à plusieurs reprises pendant l'hiver. Puis, si les forces allemandes, engagées sur le front occidental pour empêcher que la retraite de Hindenburg ne se transformât en déroute, parurent devoir manquer, le calme obtenu au front russe put permettre à la rage autrichienne de réunir les meilleures et les plus grandes forces en artillerie et en hommes contre l'ennemi le plus détesté.

Mais l'ennemi le plus détesté s'était préparé en silence. Alors que la menace de l'offensive était répétée dans toute la presse universelle, que les visites au front italien du nouvel empereur Charles devaient lui donner une plus grande valeur par une sanction souveraine, que les armées destinées à l'offensive dans le Trentin étaient placées sous le commandement du général Conrad von Hoetzendorf, qui, en temps de paix, avait manœuvré obstinément dans cette zone, comme Hindenburg dans les lacs Mazuriens, le général Cadorna avait prononcé, en face de l'arrogance allemande, les simples paroles de l'assurance latine : « *Ils viendront ou ils ne viendront point; je fais comme s'ils venaient et comme s'ils étaient en grand nombre...* ». Ces simples paroles, indiquant une résolution inébranlable de défense, exprimaient aussi toute l'œuvre de préparation italienne. Lorsque cette préparation fut arrivée à sa plénitude, et que l'on trouva le moment favorable, on n'attendit plus l'attaque de l'ennemi, que l'on remarquait au delà de ses lignes, nombreux, dans de très fortes positions, riche en

Tous, excepté les soldats italiens, auraient cru impossible de porter et de placer des pièces de gros calibre au milieu des neiges immaculées des Alpes, à des hauteurs fantastiques. Cependant, les gigantesques engins vont de pic en pic, comme sur la route carrossable la plus lisse, et se disposent à faire entendre leur voix à l'ennemi, toujours de plus haut.

canons, en mitrailleuses, en haine. Bien que la guerre languît sur les autres fronts, et que l'action de l'ennemi fût imminente, l'armée italienne obéit, sûre et décidée, aux ordres de son Chef, et attaqua sans hésitation, sachant qu'elle pouvait soutenir ainsi, à son front, une phase glorieuse de toute la guerre européenne, d'autant plus glorieuse qu'elle était plus dure pour les Autrichiens, attaqués sur leur territoire, forcés d'en céder encore des parties considérables, non point pour leur étendue, mais pour leur grande valeur défensive.

On attaqua le bastion dominant la rive gauche du moyen Isonzo. Tout le massif fut conquis, depuis la cote 363 de Plava jusqu'au Cucco et au Vodice; on supprimait ainsi le boulevard assuré de l'aile droite des armées du général Borœvitch. La conquête fut défendue avec acharnement contre les attaques de l'ennemi, et, alors qu'une trêve paraissait nécessaire, la bataille fut reprise sur le Carso, le 23 mai, victorieusement.

L'armée capable de ces vastes opérations, capable de saisir la première un ennemi fort et favorisé par un événement inattendu comme la Révolution russe, capable de briser sa menace dans ses mains, était une armée qui, dans la longueur de la guerre faite sur le front européen le plus difficile, avait trouvé le temps, la volonté, le moyen de se rendre toujours plus forte et de se maintenir audacieuse et ardente, comme le premier jour de bataille. Voilà une première affirmation.

L'armée qui maintenait décidément la guerre sur le territoire ennemi, et qui pouvait, par ses seules forces, soutenir une offensive qui, à ce moment-là, était la seule déchaînée contre l'ennemi, cette armée élevait, d'un bras ferme, l'étendard de l'Entente et combattait victorieusement en face du monde. Voilà une deuxième affirmation.

Toutes les deux claires, toutes les deux évidentes, pour répéter la révélation de l'Italie nouvelle, sortie de l'ignorance qui l'entourait, avec des caractères précis, avec un profil incisif, comme une monnaie romaine d'un tas de poussière.

Après deux années de guerre, la *volonté* qui avait fait entrer l'Italie dans le conflit à côté des Puissances de l'Entente, pour la cause de la liberté et de la justice, s'était maintenue intacte, s'était même accrue dans l'effort et apparaissait de nouveau comme une chose nouvelle aux yeux du monde.

Au début de la guerre italo-autrichienne, l'ennemi s'élança, avec une rage insensée, à l'assaut des côtes ouvertes sans défense. Les industrieuses et pittoresques petites villes du littoral de l'Adriatique furent plusieurs fois canonnées par les navires légers autrichiens, provenant de la rive opposée, ou bombardées par des aéroplanes.

La première décision de l'Italie.

Mais, en vérité, ce qui s'est passé après deux années est étroitement lié à la *décision* de l'Italie. L'Italie, la plus jeune des grandes puissances de l'Europe, reconstituée en Nation depuis cinquante ans à peine, a dû prendre, dès le début de cette terrible crise qui désormais possède le monde, les plus graves décisions qui puissent se présenter à un peuple, à un Etat.

L'Angleterre, la France, la Russie ont trouvé leur position dans le conflit, déjà déterminée par leur action politique d'avant la guerre. L'agression même des Empires du Centre les a forcées de passer à l'improviste — il est vrai — par surprise, de l'impréparation d'une paix trop confiante à une action précipitée; mais leur voie était marquée par leurs accords précédents, et la violence préméditée de l'ennemi ne les plaçait pas en face d'un problème nouveau. L'Italie, au contraire, a dû se décider, en jugeant *ex novo*, et sa jeunesse de nation a dû être secourue par sa civilisation millénaire, si elle peut, aujourd'hui, dans l'histoire si vivante et si terrible de cette énorme crise, avoir *son* histoire, l'histoire de l'Italie nouvelle, digne de l'ancienne noblesse de sa race, de sa civilisation sage, lumineuse, bienfaisante.

Son histoire, qui est encore dans son devenir, mais qui a déjà de solides et clairs témoignages, peut être dite simplement et brièvement, en recueillant, dans une synthèse rapide, l'effort guerrier de l'Italie. La guerre présente comprend des alternatives si extraordinaires, si vastes et si rapides en même temps, que souvent on oublie même ce qui est arrivé depuis peu de temps, ou bien qu'un facteur de cette guerre masque et cache, aux yeux du monde, un autre facteur non moins important. Ainsi, il peut être arrivé et il peut arriver que l'Italie disparaisse parfois aux yeux du monde, pour apparaître ensuite de nouveau forte et solide, comme elle l'a été dès la première heure de cette grande épreuve des peuples.

Maintenant, elle doit apparaître encore pour être enfin connue, car le désir des bons Italiens est que l'Italie soit connue, certains comme ils le sont que la connaître signifie l'apprécier.

La première décision que dut prendre l'Ita-

Cela n'a plus lieu maintenant : de rapides trains armés — sentinelles vigilantes et puissantes — parcourent le chemin de fer du littoral et tiennent en respect l'ennemi, dont les navires ne peuvent plus approcher de la côte italienne et dont les avions sont mis en fuite par les canons antiaériens.

lie fut celle de sa neutralité, qui fut déjà un premier acte positif, fondamental, pour la détermination duquel il fallut de la clairvoyance, de la fermeté, de la volonté.

L' Italie était l' alliée de l' Allemagne et de l'Autriche depuis plus de trente ans. Se mettre contre l'*ultimatum* à la Serbie ne signifiait donc point seulement juger un acte déterminé de politique envers un petit Etat balkanique ou une méthode de la politique de la vieille monarchie soutenue par l'Allemagne.

Puisque l'Allemagne et l'Autriche étaient décidées à affronter une guerre européenne, cela signifiait juger si l'alliance devait durer ou cesser, c'est-à-dire, pratiquement, s'il fallait participer au plan des Empires du Centre, ou se mettre contre ce plan, en n'y participant point. La neutralité italienne ne pouvait donc pas être, pour l'Italie, une simple absence du conflit. C'était, au contraire, dès la première détermination du conflit, la soustraction d'un élément du plan de l'Allemagne, qui avait compté, interprétant avec arrogance le pacte d'alliance, sur une collaboration, même passive, de l'Italie. Choisir la neutralité était donc se décider pour la fin de l'alliance, c'est-à-dire d'un système politique durant depuis plus de trente ans, à la veille d'une énorme crise européenne, c'était juger le plan allemand, même si tout le poids d' une formidable préparation militaire, qui pouvait garantir aux Empires du Centre un succès rapide et immédiat, se révélait en faveur de ce plan, brusquement mais décidément, contre l'impréparation absolue de l'Entente. Une question européenne était posée à l'Italie, et elle devait se décider.

Et elle se décida. Le 25 juillet 1914, neuf jours avant la date fatale — comme M. Salandra le raconta ensuite du haut du Capitole, le 3 juin 1915, — le marquis de San Giuliano, ministre des Affaires Etrangères, télégraphiait à notre ambassadeur à Vienne :

« Nous avons eu aujourd'hui une longue conversation à trois : Le Président du Conseil, M. Flotow (ambassadeur d'Allemagne) et moi, conversation que je résume à titre d'information personnelle de V. E. et pour servir d'éventuelle règle de langage.

« Nous avons, M. Salandra et moi, fait remarquer avant tout à l'ambassadeur que l'Autriche n'aurait point eu le droit, suivant l'esprit du Traité de la Triple Alliance, de faire une démarche comme celle qu'elle a faite à Belgrade sans un accord préalable avec ses alliés.

Les automobiles blindées font partie du système de défense volante. L'armée italienne en est abondamment pourvue. Ce sont de véritables petites forteresses mobiles qui ont rendu de notables services, grâce à la rapidité avec laquelle elles peuvent accourir sur les lieux du danger.

« En effet, par la façon dont la Note est conçue et par les choses qu'elle demande, lesquelles, tout en étant peu efficaces contre le péril panserbe, sont profondément blessantes pour la Serbie, et indirectement pour la Russie, l'Autriche a clairement montré *qu'elle veut provoquer une guerre.* C'est pourquoi nous avons dit à M. Flotow que, vu la manière d'agir de l'Autriche et vu le caractère défensif et conservateur du Traité de la Triple Alliance, l'Italie n'a aucune obligation de venir en aide à l'Autriche dans le cas où, par l'effet de sa démarche, elle se trouverait ensuite en guerre avec la Russie, *car une guerre européenne, quelle qu'elle soit, est, dans ce cas, la conséquence d'un acte de provocation et d'agression de l'Autriche* ».

Dans ce document si simple et si clair, on ne résolvait pas seulement la position de l'Italie en face de l'acte de l'Autriche envers la Serbie, mais on jugeait nettement la guerre européenne, conséquence de cet acte. Avant que le jugement sur le terrible conflit européen fût encore universellement déterminé par la violence allemande, l'ambassadeur d'Allemagne connaissait le jugement ferme et juste de l'Italie, par la bouche du Président du Conseil et du Ministre des Affaires Etrangères. Ce document, qui suffit à lui seul pour détruire la honteuse accusation de trahison lancée dans la suite à l'Italie par les Empires du Centre, comprend aussi la décision de l'Italie.

La déclaration de neutralité, faite par l'Italie aussitôt après que la guerre eut éclaté, est logiquement et honnêtement conséquente avec ce document. Déclaration nullement marchandée, nullement arrêtée par le calcul d'une attente opportune, et qui donnait la réponse publique directe à la question européenne posée par l'Italie. A travers l'alliance, le moyen était donné à l'Italie de prendre part au plan des Empires du Centre, qui paraissait, selon toute prévision, devoir être couronné de succès. L'Italie, sûre que son honneur de contractante n'était pas engagé, refusait nettement. La frontière française du côté de l'Italie était libre; la France pouvait disposer de troupes et d'artillerie précieuses dans le premier effort opposé à l'invasion; l'Autriche, dès ce moment, devait se préoccuper de sa frontière; le plan allemand était jugé par l'Etat qui aurait dû y prendre part, et non point en être la victime. La neutralité italienne fut la première orientation politique et morale en Europe et dans le monde, tandis que le formidable appareil austro-allemand se mettait en mouvement avec une violence écrasante.

« Toujours plus haut ! » telle est la divise de l'artillerie italienne. C'est pourquoi, après avoir dompté du haut d'une cime la rage ennemie, le « gros calibre » reprend son chemin pour une autre cime qui l'attire avec un charme irrésistible. Et le colosse s'en va, fier de lui-même ; il est accompagné de ses fidèles amis, qui savent mettre des frémissements humains dans son âme d'acier !

Comment l'Italie entra dans le conflit.

Neuf mois après la déclaration de neutralité, le 23 mai 1915, l'Italie déclarait la guerre. Pendant ces neuf mois, toutes les prévisions s'étaient montrées trompeuses. La guerre, qu'on avait prévue devoir être rapide et manœuvrée, était au contraire terriblement longue et sanglante, et semblait s'immobiliser. Le formidable appareil austro-allemand était forcé de se surpasser lui-même pour faire face aux besoins d'une guerre de position, sur des fronts d'une longueur de plusieurs centaines de kilomètres. Les pertes étaient épouvantables, l'effort industriel nécessaire pour soutenir l'effort militaire devait être gigantesque; les dépenses causées par la guerre étaient déjà énormes. Entrer volontairement dans le grand conflit était une décision extrêmement grave et redoutable. Et cependant l'Italie se décida.

Pendant neuf mois, l'Allemagne mit en œuvre tous les moyens pour que l'Italie obtînt, par des concessions de l'Autriche-Hongrie, le prix d'une neutralité garantie jusqu'à la fin du conflit. Les vicissitudes de la crise pouvaient conseiller le contrat, car non seulement le caractère extrêmement sanglant de la guerre engageait à ne pas mettre la main aux armes, mais le conflit lui-même allait se compliquant au point de rendre possible et utile un calcul opportun, fait d'attente et de spéculation habile. L'Italie choisit la guerre; la tentative de contrat fut même pour elle un moyen de choisir la guerre contre le plan allemand.

Pendant neuf mois, l'Italie, absolument impréparée à la guerre, comme toutes les Puissances de l'Entente, s'était mise à l'œuvre pour constituer une armée; et si cette œuvre paraissait extraordinaire, comparée au rien par où elle avait commencé, elle demeurait toutefois nécessairement inférieure aux besoins voraces d'une guerre à entreprendre contre un ennemi puissant et aguerri comme l'Autrichien, le long d'une frontière difficile, incroyable, de 800 kilomètres environ, et que l'Italie *savait devoir soutenir seule, sur son front, séparé de ceux des Alliés*. Toutefois, lorsqu'elle crut sa volonté mûre et tout à fait sûre, l'Italie décida la guerre.

Pendant neuf mois, les problèmes de la logistique de guerre, qui engageait chaque peuple

Marquant, après la guerre de 1866, une frontière inique, et la fortifiant de la manière que tout le monde sait, les Autrichiens avaient serré l'Italie dans un étau terrible, et croyaient s'être mis à l'abri de toute attaque. Qui, en effet aurait osé marcher contre ces positions formidables? Qui aurait pu lutter contre ces fortifications colossales, inexpugnables par suite des défenses naturelles et des travaux de l'art?

en armes, s'étaient révélés imposants. Pour la guerre, il fallait être sûr de l'aliment des hommes et des machines : le blé et le charbon. Il fallait la garantie de l'approvisionnement, donnée par une nombreuse flotte marchande. Il fallait l'appareil industriel prêt à se transformer en industrie de guerre. Il fallait, non seulement une grande réserve financière de l'Etat, mais une grande réserve économique, constituée par la richesse de la Nation. L'Italie n'avait pas de charbon, comme l'Angleterre, et elle devait en importer de l'étranger dix millions de tonnes par an, c'est-à-dire la presque totalité de sa consommation en temps de paix, qui aurait augmenté avec les besoins de la guerre, car la production nationale de tous les combustibles fossiles atteint à peine un million et demi de tonnes.

L'Italie n'avait pas assez de blé, comme la Russie, car elle devait en importer non moins de quinze millions de quintaux par an, provenant, pour les deux tiers, de la Russie et de la Roumanie, c'est-à-dire environ un quart de sa consommation totale en temps de paix; et, les frontières de la Russie et de la Roumanie étant déjà fermées par la guerre, le blé ne pouvait lui venir que par un long voyage, dangereux et coûteux, de l'Amérique et de l'Australie. L'Italie n'avait pas une flotte marchande suffisante pour ses besoins, car, chaque année, plus de deux tiers des marchandises qui lui étaient nécessaires, c'est-à-dire plus de treize millions de tonnes sur dix-huit, lui venaient de la marine marchande étrangère. L'Italie n'avait pas l'appareil industriel de l'Angleterre, et pas même celui de la France; c'était un appareil industriel d'une vigueur potentielle, tel qu'il s'est révélé dans la suite, mais qui alors, pour la première fois, se présentait devant les compétitions mondiales.

L'Italie, enfin, avait des finances sages et honnêtes; mais son budget était moins de la moitié du budget anglais, la moitié du budget français, et ses contribuables payaient déjà plus que les contribuables anglais et français. Sa richesse nationale était un cinquième de la richesse anglaise, et moins d'un tiers de la richesse française.

Se décider à affronter la guerre dans ces conditions signifiait devoir obtenir avant tout une victoire sur elle-même, avec foi et avec volonté; et l'Italie décida d'affronter la guerre.

Pendant neuf mois, la guerre, ayant subi un arrêt après la victoire de la Marne, ne laissait

Mais les Italiens, bravant des obstacles de toute sorte, traînent au milieu des neiges immaculées, sur des routes construites pendant la guerre (la route représentée est celle qui a été faite pour la selle de Nevea, 1184 mètres), les monstrueux mortiers de siège. Plus tard, du haut d'un des bastions de rochers à pic, que l'on croyait inaccessibles, ces mortiers foudroieront l'ennemi, qui apprendra ainsi qu'il n'y a point de frontière, si inique soit-elle, qui ne puisse être franchie par l'amour de la liberté.

entrevoir aucune décision militaire; mais, sans aucun doute, immédiatement après l'hiver de 1915, il apparaissait clairement que les Empires du Centre, profitant de leur supériorité encore réelle, tentaient un nouvel effort. Ainsi, entre avril et mai 1915, l'offensive allemande sur le front d'Ypres, quoique n'ayant point de caractère décisif, obtenait des succès nullement négligeables, qui engageaient le front occidental. Tandis que l'attaque des Dardanelles, effectuée par les Alliés, ne produisait point les effets qu'on en attendait, compromettant ainsi pour toujours l'issue de l'entreprise, les Austro-Allemands déchaînaient leur formidable offensive sur le front oriental, dans le but de repousser les Russes du territoire de la Monarchie et d'augmenter les conquêtes allemandes du territoire russe. La bataille prit de très vastes proportions entre la Vistule et les Carpathes, où la cinquième armée russe fut défaite, reculant jusqu'au San et laissant à l'ennemi, outre le territoire, environ 150 mille prisonniers.

Dans le même mois de mai, le torpillage du *Lusitania* laissait déjà voir la cruelle résolution allemande de la guerre sous-marine à outrance. Cela pouvait être l'heure irréparable pour l'Entente. Eh bien, l'Italie choisit précisément cette heure-là pour intervenir, car sa cause était désormais la cause de l'Entente, et il fallait la sauver dans le péril.

L'Autriche dut envoyer trois armées à la frontière italienne : environ 600 mille hommes et de l'artillerie. Cette masse, présente au front russe, où la victoire avait multiplié la valeur des troupes allemandes et autrichiennes, aurait été l'élément du coup décisif que les Empires du Centre annonçaient pour se défaire d'un des ennemis, la Russie, et se jeter ensuite sur les autres, l'Angleterre et la France. Le coup décisif échoua. L'Italie se plaçait à côté des Puissances de l'Entente et appelait à un singulier duel, à sa frontière, son ancien ennemi, son oppresseur qui la détestait et qui n'avait qu'un seul ferme propos, bien tenace : la punir par une invasion.

Une nouvelle phase de la guerre commençait : mais ce n'était pas seulement une nouvelles phase militaire, par l'intervention de nouvelles forces, par l'adjonction d'un nouveau front. C'était, on peut l'affirmer, une nouvelle phase morale de la guerre qui commençait, car, après la Russie, soudainement forcée à entrer

L'armée italienne a dû se munir d'un grand nombre de « tracteurs » ; l'industrie nationale, si peu considérée avant la guerre, s'est montrée à la hauteur du moment : elle en a donné et elle en donne de tout modèle suivant les usages, depuis les plus petits et les plus légers jusqu'aux imposants « Favesi e Tolotti ».

en guerre par la déclaration allemande; après la France, soudainement forcée à entrer en guerre par l'invasion allemande; après l'Angleterre, soudainement forcée à entrer en guerre par la violation allemande de la Belgique, l'Italie entrait en guerre, non point forcée par des invasions ou par des violations de traités, mais par une décision de sa volonté, pour avoir une deuxième fois, après la neutralité, décidé son rôle dans le conflit européen.

Une nouvelle phase morale commençait, car, sans cet élément moral, sans ce jugement sur la cause *choisie* pour combattre, sans cette intervention de la plus haute faculté de l'esprit humain, la volonté, en face de la plus terrible épreuve qu'est la guerre, on ne comprendrait point l'intervention par le seul calcul, ni particulièrement le moment et le mode de l'intervention de l'Italie dans le conflit, dont elle voyait le spectacle terrible depuis neuf mois. Au contraire, comme nous l'avons sommairement indiqué, le calcul était décidément contraire à une participation de l'Italie au conflit, le 23 mai 1915. Ce jour-là l'Italie déclara la guerre. Et depuis ce jour-là, sans pouvoir mûrir avec calme sa participation militaire — comme peuvent le faire aujourd'hui les Etats-Unis, entrés eux aussi volontairement dans le conflit, — mais obligée à une action immédiate et continue, l'Italie a combattu et combat vaillamment pour la victoire de l'Entente contre les Empires centraux.

Sur les routes escarpées que nos soldats, en particulier les braves « centurions » de la territoriale, ont construites avec une activité fébrile, les gigantesques « tracteurs » avancent sûrement, traînant les bouches à feu, qui soupirent après la bataille, ou bien charges de munitions, ou encore traînant des convois de ravitaillement : plus d'une victoire, à notre front, est due au service de ces machines colossales, auxquelles les habiles et énergiques automobilistes semblent donner une âme.

Le plus rude front de bataille.

Comment la frontière italienne ouvrait les portes à l'ennemi.

VOYONS maintenant comment elle a combattu et comment elle combat.

Pendant les neuf mois de neutralité — nous l'avons déjà dit, — l'Italie s'était efforcée de rendre possible la mobilisation effective des douze corps d'armée du temps de paix, suivant les exigences imprévues de la guerre moderne; de réunir une quantité d'artillerie de moyen et de gros calibre, propre à des opérations de campagne, pour lesquelles on avait tout d'abord jugé suffisante une quantité prédominante de petit calibre; de préparer un plan d'offensive, hors des prévisions précédentes.

Elle avait fait des efforts; mais l'impréparation avait été telle, jusqu'à la veille de la guerre européenne, et la guerre, suivant le type allemand réduit à une guerre de positions, s'affirmait avec tant d'exigences d'une longue et minutieuse préparation, que l'effort, vraiment miraculeux, était toutefois bien inférieur au besoin. En outre, l'Italie entrée en guerre, ne devait pas seulement mesurer cette infériorité en face d'un ennemi déjà formé aux opérations défensives de position et riche en moyens mécaniques, particulièrement en canons de moyen calibre et en mitrailleuses. Elle devait enfin mesurer une autre infériorité : celle de la frontière qui, après la malheureuse guerre de 1866, avait été déterminée par l'Autriche de manière à rendre possible et facile, non seulement une offensive, mais encore l'invasion de la Lombardie et de la Vénétie.

Un coup d'œil, même modestement attentif, d'un profane en fait de choses militaires sur la carte concise de ce petit volume fait voir et entendre la terrible infériorité de la frontière italienne. Il suffit de suivre la ligne qui marque le « vecchio confine » (la vieille frontière), de la graver avec un peu d'attention sur la partie foncée

L'organisation des services de logistique pour la guerre italienne est une des gloires les plus éclatantes du Pays : personne n'aurait jamais cru que l'Italie réussît à constituer un système aussi parfait pour le transport de troupes, d'armes, de munitions, d'approvisionnements de tout genre.

des montagnes jusqu'à la plaine qui s'étend vers l'Adriatique et d'en voir la figure d'une façon compréhensive. On voit alors que, du sommet du Stelvio, descendant par l'Adamello, à travers la Val Giudicaria, coupant l'extrémité du lac de Garde, à travers la Val d'Adige, remontant au Pasubio et à Cima Dodici, à travers la Val Sugana, jusqu'à la Marmolada et au Monte Cristallo, la frontière du Trentin forme un coin puissant qui pénètre dans le vif de la terre italienne, menaçant directement la plaine lombarde, et, sur le flanc, la plaine vénitienne.

Derrière la ligne autrichienne de cette frontière d'oppression et de tyrannie, les monts succèdent aux monts dans une sécurité granitique de possession, et, seule, la ville de Trente, noble objet de justes revendications italiennes, mais centre peu important de la Monarchie, apparaît près de la frontière. Au contraire, derrière la ligne italienne, à une courte distance, juste là où les monts s'arrêtent net dans la plaine, comme pour ouvrir facilement un passage au possesseur des cimes, il y a des villes comme Brescia, Vérone, Vicence; il y a, dans les deux plaines de la Lombardie et de la Vénétie, des centres vitaux, essentiels, de la vie italienne. Il suffit de regarder pour définir le massif montagneux du Trentin comme une énorme forteresse demeurée en otage à l'ancien oppresseur, à l'ancien dominateur de la riche et fertile plaine du Pô.

Si, plus loin, la frontière, depuis la Cima Dodici, le long de la chaîne des Alpes Carniques, jusqu'au Trogkofel, apparaît, établie entre plusieurs massifs de montagnes, comme une possibilité de défense pour l'Italie du Cadore et de la Carnie, l'injustice, le dessein d'invasion apparaissent encore, évidents, dès que la zone montagneuse diminue. En effet, non seulement l'Autriche voulut, en 1866, du col de Tarvis, vers le sud, maintenir les positions dominantes des montagnes, mais elle voulut aussi s'assurer la pleine possession de la ligne du fleuve, de l'Isonzo, en établissant la frontière sur un petit cours d'eau, le Judrio, et sur les marais du dernier morceau de la plaine. Une autre route d'invasion demeurait ainsi tout à fait ouverte, à travers la plaine du Frioul, où le premier obstacle sérieux que les Italiens auraient pu opposer était constitué par la ligne du Tagliamento, tandis que les Autrichiens disposaient tout de suite, contre une action italienne quelconque, de la ligne de l'Isonzo, dominé, sur la rive gauche, par le Monte Nero, par la place forte de Tolmino, par le plateau de

Cependant, depuis l'action gigantesque déployée par les Chemins de fer de l'Etat jusqu'à l'organisation colossale des convois de toute espèce dans la vaste zone de guerre, notre Pays a révélé une richesse de moyens qu'on ne soupçonnait pas et une vertu d'organisation extraordinaire.

Chiapovano, et, enfin, par le Carso. Il suffit de regarder, pour voir comment la porte ouverte, avec une arrogance tout allemande, dans la plaine du Frioul était la route directe pour une invasion qui prenait de front l'armée italienne, immédiatement menacée aux épaules par le coin du Trentin.

Quiconque veut comprendre et apprécier l'effort militaire italien sur ce terrible front de guerre, qui s'élève à une hauteur de plus de 3.000 mètres, au milieu des glaciers, pour descendre jusqu'aux lagunes, doit toujours avoir présente la figure de la vieille frontière, la frontière de l'oppression et de la tyrannie. Cette frontière, la valeur de l'armée italienne a su la transformer en un front qui est en grande partie sur le territoire ennemi, où, avec une ardeur offensive indomptable, constante depuis le premier mois de guerre, et après avoir repoussé l'invasion tentée par l'expédition « punitiva » de mai 1916, l'armée italienne accomplit son vaillant effort de guerre.

Or, avoir présente à l'esprit la figure de la vieille frontière signifie comprendre au milieu de quelles continuelles et terribles menaces l'armée italienne a opéré et opère aujourd'hui.

Le premier assaut à la maison de dix étages.

Le 24 mai 1915, l'armée italienne fut appelée à la dure tâche de prendre l'offensive sur presque tout le front, d'une longueur de 800 kilomètres environ.

Il fallait, à tout prix, renverser la situation et forcer à la défense un ennemi qui possédait, depuis le début, tous les éléments favorables à une attaque violente, par laquelle, débouchant dans la plaine, il aurait eu les épaules assurées par des lignes inexpugnables pour une manœuvre libre sur un terrain favorable et connu. Pour atteindre ce but, il fallait décidément engager les 25 divisions qui, divisées en trois armées, sous les ordres de chefs parmi les plus estimés de l'armée austro-hongroise, comme les généraux Dankl et Borœvitch, avaient été envoyées au front italien. *Il le fallait*, même si cette notable masse de troupes correspondait à environ douze corps d'armée italiens, c'est-à-dire autant qu'en comptaient les effec-

Ces photographies peuvent donner une idée de ce qui a lieu, en fait de transports, sur les routes de la zone de guerre.

tifs de paix de notre armée; même s'il manquait, pour une large action offensive dans le Trentin et sur l'Isonzo, cette supériorité décisive en artillerie et en moyens mécaniques, indispensables pour vaincre la résistance d'une guerre de positions.

Puisque les moyens n'étaient donc pas en rapport avec la nécessité, qui aurait été grave même pour une armée très bien préparée, l'ennemi devait être désorienté et menacé. A un strict point de vue militaire, on aurait pu préférer conduire l'action principale dans le Trentin, où les troupes autrichiennes étaient moins nombreuses, pour réaliser un front plus solide et obtenir tout de suite des gains territoriaux. Mais alors l'ennemi, ne voyant point ses centres vitaux menacés, aurait pu attendre le moment le plus propice pour l'exécution de ses plans d'invasion, et non seulement notre action n'aurait pas atteint le but dont nous avons parlé, mais elle aurait même diminué la valeur de la contribution à la guerre générale, qui était dans une phase très difficile pour l'Entente.

On décida au contraire l'action principale sur l'Isonzo, en maintenant toutefois aux troupes de la frontière du Trentin, du Cadore, de la Carnie, mais surtout à celles des deux premières zones, le rôle d'attaquer elles aussi pour s'emparer de passages et de positions dominantes, et engager le maximum de forces ennemies.

Pour l'action principale sur l'Isonzo, il aurait fallu une grande préparation, une sûre disponibilité de moyens, une prompte exécution dans toutes le parties de la masse agissante, pour lui conférer aussitôt assez de force et assez d'élan pour surmonter et annuler les graves infériorités de la frontière orientale que nous avons indiquées. Toutefois, elle fut décidée, courageusement décidée, et personne ne comprendra jamais la valeur de l'intervention italienne, si on n'apprécie pas toujours, à chaque instant, la somme de facteurs moraux qui a dû s'ajouter aux pures considérations de caractère militaire, pour donner à la guerre italienne le maximum de son efficacité.

On peut même affirmer que ce qu'un jugement limité et rigoureusement technique pourrait évaluer comme des erreurs, soit dans la décision, soit dans la conduite de la guerre italienne, constitue au contraire les plus hauts titres de mérite de l'intervention, lorsqu'on considère qu' une guerre n'est pas seulement un fait militaire, mais encore un fait historique et

Il faut, toutefois, noter que cette dernière s'étend sur plusieurs milliers de kilomètres carrés, et que les convois, à traction animale ou mécanique, sont partout disséminés en très longues files.

moral, et que la guerre italienne eut lieu lorsque avait sonné l'heure de la décision intérieure, lorsque avait sonné l'heure terrible pour la cause de l'Entente.

En combattant sur les cimes et dans les vallées, le coin du Trentin fut attaqué de tous les côtés : dans la Val Giudicaria, dans la Val d'Adige, dans la Val Sugana. A travers la conque de Fiera di Primiero, vers la Val di Fiemme; à travers la conque de Cortina d'Ampezzo, vers les massifs de la Tofana et du Cristallo, on visa à paralyser la libre action ennemie le long de la magnifique route des Dolomites, créée par l'Autriche pour manœuvrer dans cette région si difficile. Le long de la frontière des Alpes Carniques, les opérations hardies de montagne ne manquèrent pas. Enfin, depuis la région accidentée de l'Isonzo jusqu'à la basse plaine s'étendant vers l'Adriatique, on commença l'opération principale, nécessairement fractionnée elle aussi, par suite des difficultés de la frontière. On atteignit et on traversa le fleuve au delà de Caporetto, et on attaqua le terrible boulevard du Monte Nero, d'une hauteur de 2.245 mètres, pour établir une solide possession du fleuve au sud de la conque de Plezzo et pour tenir immobile la droite autrichienne du front de l'Isonzo. On attaqua la tête de pont de Tolmino et on traversa encore le fleuve à Plava, dans le coude au sud du Monte Corada. Les infanteries marchèrent à l'assaut contre le Sabotino et le Podgora, têtes de pont de Gorizia, contre tout le bastion du Carso, compris entre le Vipacco et la mer, qui s'élève par degrés toujours plus hauts tout de suite après la ligne de l'Isonzo. Aucun point faible ou de moindre résistance n'existait dans cette formidable barrière, où l'ennemi, déjà formé à la guerre de positions, avait accumulé d'excellents ouvrages de campagne de défense. Il n'y avait aucune zone où l'on pût facilement tenter une action décisive, dont les avantages auraient eu ensuite une influence favorable sur toute la partie du front choisie pour l'opération principale. L'ennemi était tellement sûr de cela que le Commandant autrichien disait, dans une proclamation aux troupes, après les premiers signes de l'offensive italienne : « Nous avons à conserver un terrain qui est fortifié par la nature; devant vous, un grand cours d'eau; de notre côté, encore une courtine d'où *l'on peut tirer comme d'une maison de dix étages*. Pensez aux monts qui sont toute notre force ».

L'un des plus graves problèmes de la guerre actuelle, c'est celui de la difficulté de placer rapidement l'artillerie de gros et de moyen calibre. Difficulté d'autant plus grande pour les Italiens que le terrain de notre guerre est le plus rude et le plus difficile. Mais le problème fut résolu d'une façon pratique et géniale : voici quelques modèles de « plates-formes » colossales, traînées par de puissants tracteurs.

La lutte sur les montagnes et sur les rochers.

Ainsi commença, sur le front le plus difficile et le plus ignoré de toute l'Europe, la guerre la plus terrible et la plus pénible qu'on puisse imaginer. Des actions fractionnées, des attaques toujours de bas en haut; l'ennemi défendu par la nature même, hostile à l'assaillant, comme orgueilleuse de son inviolabilité.

Il y a des terrains de plaine, sillonnés de cours d'eau visibles dans presque tout leur cours au moyen d'un regard d'ensemble, d'un caractère divers par suite des collines basses et vaguement ondulées qui, même en temps de paix, s'offrent comme dans une vision de combat. Ce sont les terrains que les grands généraux d'autrefois cherchaient pour y composer leurs batailles et qui, même dans cette horrible et sombre guerre moderne de fossés et de vie souterraine, offrent au combattant l'aide de la terre propre à la tranchée qui se creuse tout de suite profondément, propre aussi au bond et à l'assaut impétueux et rapide.

Ces terrains sont inconnus au front italien, comme le front italien était inconnu au monde, même au monde de ses alliés combattants.

Du Stelvio au Monte Nero, c'est-à-dire sur plus des cinq sixièmes du front, les montagnes font suite aux montagnes, hautes, très hautes, couronnées de glace, séparées par des vallées qui s'ouvrent entre des murs à pic, sans routes de parcours facile, où, même en été, la bourrasque éclate souvent à l'improviste, compromettant un patient travail de guerre. C'est un monde vierge, hostile à la vie même, qui, même en temps de paix, n'y arrive que péniblement, dans de petits villages bâtis sur le versant, et n'ayant qu'une petite population.

L'armée italienne y a porté la guerre, la guerre moderne, de grandes proportions et mécanique, chargée d'hommes, d'animaux, d'armes lourdes et légères, de munitions, de réserves. Et cette guerre a dû aller au delà des zones où s'arrête la vie en temps de paix, et elle a dû violer celles que cette nature réservait aux audaces des alpinistes, punies de temps en temps par de sombres tragédies. Pendant des années, ce monde de montagnes avait été parfois rappelé pour ses grandes beautés; l'armée italienne y a porté l'histoire, au prix de

Ce colosse — les soldats italiens l'appellent « mastino » (mâtin) — mord l'ennemi d'une hauteur de mille et mille mètres. Quiconque le voit placé là-haut, dominateur superbe des sommets qui n'auraient jamais cru avoir un hôte si terrible, reporte sa pensée émue vers les preux qui l'y ont hissé, en surmontant des difficultés inouïes. Lorsqu'il reçoit le salut de ce flagellateur implacable, l'ennemi pense que l'Italie ne peut manquer de vaincre les hommes, puisqu'elle a réussi à vaincre la Nature!

sang et de terribles sacrifices, car chacune de ces beautés constitue une difficulté infernale.

A partir du Monte Nero, les cimes atteignant plusieurs milliers de mètres disparaissent; mais le système de boulevards montagneux ne cesse point. La défense de la rive gauche de l'Isonzo et de la courte plaine de Gorizia se perpétue en barrières, qui rendent tout système de fortifications inutile, tant la nature a pourvu elle-même à des fortifications supérieures à toute forme de guerre. Enfin, là où, les hautes chaînes de montagnes cessant ainsi que leurs ramifications, le terrain, entre le fleuve du Vipacco et la mer, aurait dû s'offrir à l'état normal, enfin favorable à une action de guerre, il devient au contraire, comme par un jeu de sombre invention, plus difficile, plus atroce que la montagne même. C'est le Carso. Horrible, fait de pierres, sans eau, résistant aux tranchées, qui doivent briser le roc pour se creuser profondément, résistant à la marche elle-même, car c'est comme une mer solidifiée de petites vagues pointues, où l'explosion des grenades, est centuplée quant à sa force par les éclats de la pierre brisée.

Attaquer sur ce front, prendre l'offensive pour ne pas être assaillis, prendre l'offensive pour forcer l'ennemi à ne pas porter ailleurs ses forces, sur les autres fronts de guerre, prendre l'offensive pour le désorienter et le menacer, signifiait forcer l'ennemi à subir notre propre initiative, mais aussi lui permettre de trouver le plus grand avantage dans des positions qu'une expérience séculaire de tyrannie avait fait choisir, après la guerre de 1866, à la vieille monarchie, du côté de la nouvelle Italie détestée et méprisée.

L'armée italienne entreprit courageusement cette tâche et s'en acquitta par une action continue, incessante, qui se coupait en une série d'opérations sur tout le front, et qui s'intensifia, pendant l'année 1915, dans deux offensives sanglantes sur la ligne de l'Isonzo, en juillet et en août d'abord, en octobre et en novembre ensuite.

Ces opérations, ces actions avaient des noms ignorés, sur lesquels il était difficile d'appeler l'attention du monde, tandis que les Empires du Centre poursuivaient leurs actions victorieuses sur les fronts russe et balkanique. Mais ces noms, qui ont aujourd'hui eux aussi une renommée, n'en indiquent pas moins, pour cela,

Deux « bouches à feu » qui connaissent la victoire. Un obusier de 280 et un canon de 254. Ce dernier est une des pièces de la marine de guerre italienne, mises en action pendant l'offensive du mois d'août 1916, et qui contribuèrent largement à la déroute ennemie.

le sacrifice de la fleur de la jeunesse italienne, tombée dans les assauts ouverts contre des défenses formidables, que notre artillerie, quelque précise et habilement dirigée qu'elle fût, ne pouvait détruire, demeurant toujours inférieure à sa tâche.

Ce fut la période obscure où attaquer signifiait, pour les infanteries italiennes, encore privées de moyens de destruction, se heurter à des réseaux de fils de fer presque intacts, s'offrir aux feux épouvantables de la mitrailleuse dissimulée par l'ennemi, vaincre des différences de terrain où grimper seulement est une fatigue accablante.

Et les infanteries italiennes attaquèrent. L'ennemi se sentit menacé; il perdit toute assurance et tout air de mépris, en face des petits fantassins qui montaient contre lui, audacieux et obstinés. Il dut reconnaître le mépris de la vie et la valeur de ces troupes indomptables. Aujourd'hui, les étrangers qui se sont succédé à notre front ont enfin vu l'œuvre accomplie, et, parmi eux, un grand écrivain, Rudyard Kipling, a pu raconter comment, dans cette région désolée, où la lutte fut plus obstinée pour que la route de Lubiana (Laybach) et de Trieste fût plus gravement menacée, les cimetières disent au pèlerin succédant au combattant, qui désormais se trouve plus loin, quel héroïque, quel obscur martyre a dû affronter l'armée sortie d'un peuple à qui on refusait, à tort, les vertus de la ténacité et de la résistance calme.

L'armée italienne porte la guerre sur le territoire ennemi et enlève aux Empires du Centre les forces nécessaires pour la victoire décisive à l'est.

Du reste, les difficultés exceptionnelles du front italien ne pouvaient que rendre plus graves, pour l'armée appelée à un rôle offensif, les conditions de lutte que le rapport français, publié le premier anniversaire de la guerre, en août 1915, exposait, avec une grande sincérité, comme s'étant déterminées au front occidental. Là, les batailles ne pouvaient se réaliser sans un extraordinaire emploi d'artillerie, qui nous faisait défaut, et elles étaient nécessairement li-

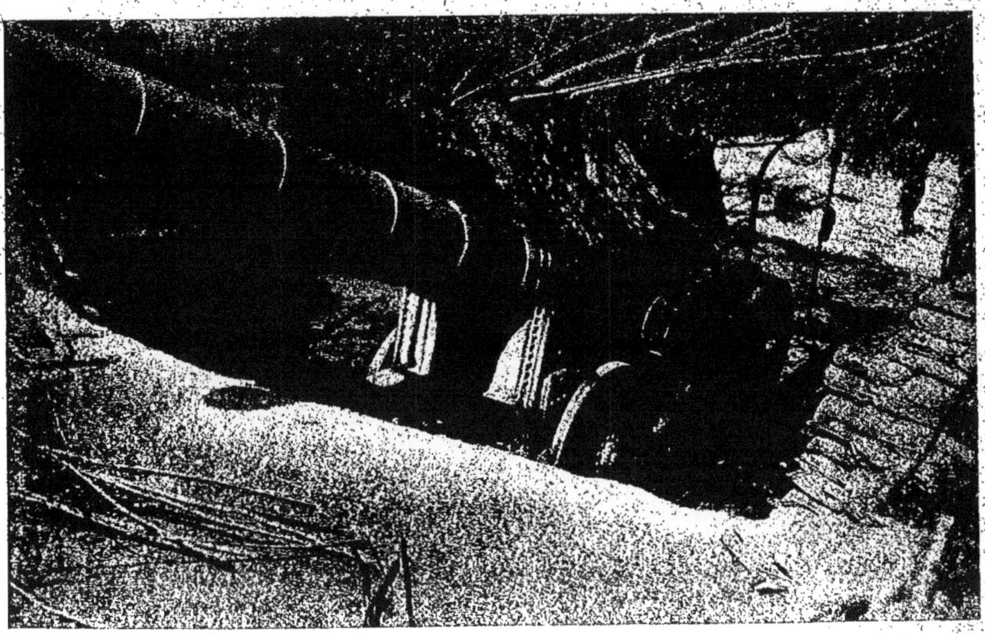

Si l'on songe que les usines italiennes ont fabriqué et fabriquent des centaines de ces gigantesques engins, on peut apprécier équitablement la contribution que l'Italie a apportée et apporte à l'Entente, pour la cause de la justice et de la civilisation.

mitées à la zone détruite par le feu des canons, si bien que, dans la suite, en septembre seulement, les Franco-Anglais purent développer une opération offensive en Champagne, pour frapper les Allemands victorieux au front oriental.

La guerre italienne ne pouvait se soustraire à la dure règle de tout le conflit, en vertu de laquelle la guerre de position ne pouvait se changer en guerre de manœuvre que lorsque, sur un terrain favorable, une partie pourrait disposer d'une énorme supériorité mécanique, comme l'eurent les Allemands dans les vastes opérations de cette année contre les Russes, complètement dépourvus de munitions, comme l'eurent Allemands, Autrichiens et Bulgares contre la pauvre Serbie, dans la campagne balkanique successive.

Aujourd'hui que le front italien ignoré est, peu à peu, révélé par des écrivains de toutes les races, à qui l'Italie a pu dire simplement : « Il nous suffit que vous veniez et que vous racontiez honnêtement ce que vous avez vu »; aujourd'hui que l'on peut mesurer la dure infériorité du début de l'appareil de guerre italien en face de la puissante artillerie, des mitrailleuses et des lance-bombes dont disposaient les Autrichiens, aujourd'hui on peut et on doit comprendre quelle valeur, quels sacrifices ont été nécessaires pour obtenir les résultats que nous avons eus pendant cette année 1915.

Les Empires centraux s'enorgueillissaient de grandes conquêtes territoriales sur l'Entente, et l'armée italienne, seule des armées de l'Entente, était au contraire tout entière sur le territoire ennemi. La Val Giudicaria jusqu'à Daone, la Val di Ledro occupées; Riva, Mori et Rovereto serrées de près; près du Pasubio, les positions fortifiées de Piazza et Lavarone battues; la Val Sugana occupée jusqu'à Borgo ainsi que la Conca di Fiera di Primiero, jusqu'à la chaîne de montagnes qui court le long de la Val di Fiemme. Dans le Cadore, on enleva d'assaut les principales positions de Col di Lana, au sud-ouest de la Tofana, et on conquit la Conca di Cortina d'Ampezzo, avec les massifs de la Tofana et du Cristallo, interceptant ainsi l'importante route des Dolomi es. Enfin, sur l'Isonzo, on conquit la Conca di Plezzo, on occupa une grande partie du Monte Nero après une lutte gigantesque, on maintint Tolmino en notre pouvoir, on occupa les hauteurs à l'ouest de Gorizia, on attaqua la première ligne du bastion de l'horrible Carso.

L'ennemi, fort et aguerri, avait été forcé de s'engager partout, plus fortement sur l'Isonzo, où ses unités durent être continuellement re-

Parmi les nouveaux aspects revêtus par la guerre, il faut signaler comme tout à fait remarquable celui de l'emploi des moyens aériens. L'Italie a l'honneur d'avoir, la première entre toutes les Nations du monde, employé cette arme nouvelle : ce fut en effet en Libye qu'apparurent, pour la première fois, sur les champs de bataille, des dirigeables, des ballons-dragons et des aéroplanes. Mais, au lieu de se servir de cette arme nouvelle pour des reconnaissances ou pour l'offensive contre des ouvrages militaires, les ennemis de l'Entente s'en sont servis pour perpétrer les plus sauvages agressions.

nouvelées. Il répondit toujours à nos offensives par de violentes contre-attaques, particulièrement sur le Monte Nero et sur le Carso; mais la ténacité italienne ne fut pas seulement plus forte que sa valeur, elle surmonta même l'absurde, c'est ainsi qu'il faut dire, des positions atteintes.

En effet, il ne peut arriver que rarement, dans une guerre, qu'un assaillant réussisse à se tenir accroché aux flancs d'une montagne, avec un large fleuve aux épaules, comme les Italiens sur le Monte Nero et sur le Carso, au delà de l'Isonzo, et à repousser par l'offensive toute offensive ennemie, plus facile. Non seulement cela eut lieu; mais 30 mille prisonniers, pris aux meilleures troupes de l'armée austro-hongroise, et un riche matériel de guerre étaient demeurés, à la fin de l'année, entre les mains des Italiens.

Ces résultats, qui attestaient le vigoureux esprit militaire de l'armée italienne, sortie d'une préparation improvisée et défectueuse pour une grave épreuve militaire, forcèrent le Commandement autrichien (passé, dans les autres opérations, et même dans la campagne balkanique, sous la dépendance du Commandement allemand) à considérer le front italien comme le principal front de guerre de la vieille monarchie guerrière, où l'armée autrichienne — comme l'avouait la *Neue Freie Presse* pendant l'offensive d'octobre — passait ses « *plus dures journées* ».

Mais aujourd'hui qu'il est possible de réunir dans une vision compréhensive les vicissitudes de cette année de guerre, où les Empires du Centre s'étaient décidés à accomplir l'effort qui devait les conduire à la paix, on peut considérer ce qu'aurait été la formidable action offensive contre la Russie, le long de tout le front de la Baltique aux Carpathes, si la masse des trois armées autrichiennes, engagées au front italien, et qui engloutirent d'importantes réserves pour réparer de graves pertes, avait été libre d'agir. Les conséquences d'une pareille offensive, qui aurait écrasé toute résistance russe, rendue par contre possible par des retours contre-offensifs *après l'intervention italienne*, auraient pu être décisives.

L'intervention italienne fut le seul élément actif de l'Entente qui, — pour des raisons d'infériorité militaire, comme le manque de muni-

Dans la défense contre les moyens aériens, l'Italie a atteint le plus haut degré possible, non seulement grâce à des stations fixes d'artillerie antiaérienne (dans les endroits les plus inhospitaliers de la haute montagne, parmi les glaces éternelles), mais encore grâce à l'organisation rapide et efficace d'autobatteries, auxquelles on a particulièrement confié la défense des villes ouvertes, le long de la côte de l'Adriatique, si souvent prise, lâchement, comme point de mire par le barbare ennemi.

tions en Russie, mais aussi pour des fautes graves, comme celles qui furent commises dans les Balkans, où l'on n'eut aucun plan politique et militaire, — eut, en 1915, une année de guerre tout à fait passive, y compris l'échec de l'expédition des Dardanelles, qui manqua son but.

L' effort pour la cause commune.

Les vicissitudes toujours plus graves de l'Entente ne firent jamais diminuer la pression de l'armée italienne, qui répéta deux fois une offensive sanglante, comme elles ne firent jamais relâcher la solidarité politique de l'Italie avec ses Alliés. Le 21 août, l'Italie déclara la guerre à la Turquie, le 19 octobre, à la Bulgarie, bien que, comme on l'a reconnu dans la suite, la diplomatie italienne eût été la seule à comprendre, dès le début, le péril du plan allemand dans les Balkans, et la nécessité d'éviter, à tout prix, le passage de la Bulgarie à la cause des Empires du Centre.

Et, lorsque, — la Bulgarie s'étant unie à l'Allemagne et à l'Autriche contre la Serbie, et la Grèce, sur laquelle les autres Puissances de l'Entente avaient nourri des illusions, ayant fait défaut, — la campagne balkanique des Empires du Centre se présentait nécessairement comme victorieuse, l'Italie eut sa part d'action. En effet, tandis que les forces franco-anglaises créaient, par l'occupation de Salonique, un obstacle au débouché ennemi dans la mer Egée, l'occupation italienne de Valona, renforcée et développée, pouvait, elle aussi, limiter le débouché ennemi dans l'Adriatique. En prenant comme base des futures opérations la baie albanaise, occupée avant la guerre, les forces italiennes se préparèrent à porter secours à l'armée serbe en déroute, qui s'était réfugiée en Albanie, et à donner une précieuse collaboration à la difficile action dans les Balkans.

Le 30 novembre, la solidarité d'armes et la solidarité politique de l'Italie avec l'Entente, qui avait eu lieu dans une période où l'ennemi puissant avait cru tenir pour toujours la victoire, était solennellement sanctionnée par la participation de l'Italie au Pacte de Londres. En dé-

Les poètes qui ont chanté les pittoresques visions du « Cadore », les artistes qui ont peint les scènes enchanteresses de cette région très douce parmi les régions italiennes, éprouveraient des frémissements nouveaux, maintenant que le paysage est ponctué par les « machines de la revendication », par les « instruments de la liberté ». Lorsque, au milieu des rochers, retentit la voix de ce gigantesque « 305 italien », lorsque les ruisseaux et les plantes sont bouleversés par les projectiles vengeurs, les poètes et les artistes verraient — vision sublime! — planer au milieu des nuages de fumée l'esprit de Pier Fortunato Calvi qui, guide infaillible pour nos vaillants pointeurs, semble murmurer: « Italie! Italie! pour toi je ne suis pas mort en vain! »

cembre, un nouvel emprunt de guerre disait la ferme volonté italienne de poursuivre la lutte. Ainsi l'hiver, qui, dès le mois de septembre, avait commencé à essayer ses rigueurs contre les troupes italiennes engagées sur les montagnes, imposant un arrêt général aux opérations, fermait une phase de la vaste guerre, où la plus grande contribution à la cause de l'Entente était constituée, sans aucun doute, par l'intervention italienne.

« *Nécessité fait loi* » : cette affirmation, que le chancelier allemand avait brutalement énoncée, en 1914, pour justifier l'inique invasion de la Belgique, l'armée italienne l'avait au contraire considérée comme une maxime de haute valeur morale pour elle-même, pour ses forces, auxquelles on avait demandé, pendant la campagne de 1915, le plus grand rendement, sans repos et sans concessions. Les mitrailleuses avaient fait défaut; les dotations de moyens offensifs de tranchée et d'attaque, comme bombes et grenades à main, avaient été faites en modeste mesure à quelques groupes seulement; les munitions d'artillerie avaient été dosées à tel point qu'il fut prescrit, en automne, qu'un canon de petit calibre ne pourrait jamais dépasser un maximum de cent coups par jour, avec l'imposition de la plus grande épargne dans les arrêts entre différentes actions; le matériel pour la défense elle-même en rase campagne, comme réseaux de fils de fer et moyens de blindage, avait été inférieur à l'énorme besoin. Mais l'armée était engagée; il était nécessaire que les forces, unies et dotées d'une façon quelconque, attaquassent l'ennemi; c'est pourquoi, pour obéir héroïquement à cette nécessité, les infanteries suppléèrent, par leur élan et en même temps par leur patience, à l'imperfection de l'appareil mécanique; et l'artillerie suppléa, par sa vigilance et par sa précision, à l'infériorité du nombre.

On peut calculer que vingt mille officiers environ manquaient pour les effectifs de guerre de l'armée italienne, au moment de l'entrée en campagne. Mais les officiers voulurent quand même donner l'exemple du sacrifice, et ils tombèrent en grand nombre, de telle sorte que la tâche fut, pour ceux qui restaient, toujours plus lourde, mais toujours soutenue par un grand

L'armée de joueurs de mandoline — comme le défunt empereur d'Autriche eut la courtoisie d'appeler l'armée italienne — a réussi à accumuler, dans une large mesure, des instruments de rechange! En voici une belle série: si l'on veut jouer longtemps, il faut se munir! Cette théorie de « canons de rechange », tout prêts aux premiers postes de l'arrière, témoigne de l'effort magnifique accompli par l'industrie nationale et par le contribuable.

esprit combatif et par une habileté qui a révélé chez les officiers de complément une capacité militaire de premier ordre.

Ainsi, tout ce qui, humainement, pouvait être donné l'avait été par l'armée, sortie d'une préparation pénible de neuf mois, et appelée, dans la terrible guerre moderne, à un rôle offensif.

Mais, en ce moment-là, l'hiver commandant une trêve, il fallait se proposer sans retard le problème que la dure expérience de la guerre rendait toujours plus grave : le problème de l'armement, fourni par une puissante organisation industrielle, presque sans limites, principalement dans la production des projectiles. Il fallait de l'artillerie, de moyen calibre plus que de tout autre; il fallait des mitrailleuses et de nouvelles bouches à feu, capables de détruire les défenses des ouvrages de campagne, et particulièrement les terribles réseaux de fils de fer.

Le fusil et le canon de petit calibre, qui, avant la guerre, avaient été considérés comme les armes par excellence, devaient faire place aux nouveaux moyens offensifs et défensifs, comprenant les armes pour la lutte à grande distance et pour la lutte rapprochée, presque corps à corps, qui donnent à la guerre d'aujourd'hui le caractère de la guerre tout à fait moderne, et, en même temps, de la guerre du moyen âge. Il fallait encore constituer de nouvelles unités, les aguerrir et organiser toute la logistique nécessaire pour une guerre de longue durée, vorace et difficile.

Le problème fut courageusement affronté; l'industrie fut mobilisée et organisée pour le maximum de production, bien que déjà, en hiver, la question des frets, arrivés à des prix exorbitants, rendît le problème de l'approvisionnement en charbon et en matières premières particulièrement grave. Ainsi commença l'œuvre de constitution des nouvelles unités, de recrutement et d'instruction de nouveaux officiers, de production d'armes, et même d'armes nouvelles, comme la « bombarda », qui fut ensuite la révélation de la bataille de Gorizia.

Mais voici que le front difficile, qui avait si terriblement éprouvé l'esprit offensif des troupes, imposait, d'une façon imminente, un *autre problème* à l'armée italienne.

Sous la voûte azurée du ciel, au milieu des champs démesurés qui montrent les traces de la lutte sanglante, à une petite distance des lignes ennemies qui seront bientôt le but des nouveaux assauts furieux, on a élevé un autel, pour la célébration de la Messe. Après la mystique cérémonie, le colonel — serrant dans sa main le glorieux drapeau du Régiment et agitant ses plis devant la Croix, symbole de sacrifice pour la foi — ajoute sa chaude parole à la parole inspirée du prêtre : le Régiment, aligné tout autour, écoute avec émotion : l'écho de ces paroles résonnera plus tard, dans l'assaut furieux : Vive l'Italie !

La guerre d'hiver sur les Alpes et sur la mer.

Là où la vie est plus difficile que le combat.

Des barrières monstrueuses comme les chaînes des Alpes avaient vu, dans l'histoire des temps, des armées passer avec audace et avec puissance à travers les passages les plus difficiles et même les plus imprévus, pour pouvoir ensuite déboucher par surprise dans la plaine. Mais elles n'avaient jamais vu une armée s'étendre en chaîne de leurs cimes les plus hautes, entourées de nuages et couronnées de glaciers, descendant par les plus rudes escarpements dans les vallées et dans les passages, pour remonter, dans une continuité sinueuse de centaines de kilomètres, sur d'autres cimes et redescendre par d'autres vallées. Mais elles n'avaient jamais vu une armée camper par la tourmente, le vent et les avalanches, entre les cimes et les vallées, et, lorsque l'hiver engourdit la vie dans un aspect de mort, créer toute une nouvelle activité, pour que cette solide chaîne tendue contre l'ennemi ne fût jamais brisée ni par l'hostilité des hommes ni par l'hostilité de la nature.

Cet hiver fut le premier où une armée, l'armée italienne, dut se procurer les moyens de combattre et de vivre sur un terrain où il était plus dur et plus difficile de vivre que de combattre. Une bonne organisation de services logistiques ne suffisait pas; il fallait, outre cette dernière, une organisation spéciale pour rendre la vie normale possible dans une nature anormale, c'est-à-dire il fallait résoudre mille problèmes particuliers, depuis ceux des transports fractionnés et réduits à la plus simple expression de l'homme qui sert l'homme, jusqu'à ceux qui avaient pour but de maintenir la chaleur dans le corps, dans les aliments, dans l'eau, dans l'abri, dans la tranchée, contre le froid qui congèle tout rapidement.

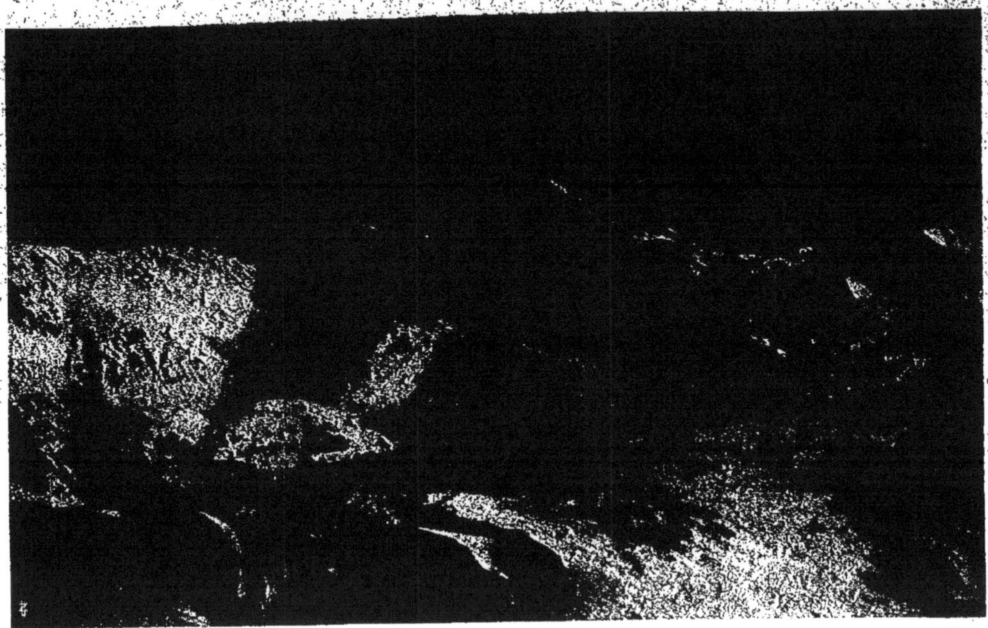

La ligne de faîte, dans la section orientale des Alpes Carniques, marque — unique point de toute la frontière de 1866 — la frontière juste entre l'Italie et l'Autriche. Les cimes principales sont : le Freikofel (1757 mètres), le Pal Grande (1817 mètres), le Pizzo Timau (2221 mètres).

Avant tout, on pourvut à rendre solide et sûre la première ligne le long du front étendu, dont la neige couvrait les ouvrages de défense, et où il était nécessaire que les troupes destinées à tour de rôle à la surveillance, à la défense et même à l'attaque, eussent un abri suffisant. Les tranchées furent recouvertes de nattes et le sol fut dallé ou pourvu de planchers. Dans le roc creusé ou dans des abris blindés, on recueillit les hommes qui ne tenaient pas le fusil prêt à la meurtrière. Les troupes de réserve ou en repos furent rassemblées, dans des positions à l'arrière, dans les rares endroits habités, et lorsque ces derniers manquaient, dans des baraquements qui surgirent par dizaines de mille, de tout type, en briques, en blocs de ciment, en bois. Partout, jusque dans la tranchée, on plaça des poêles.

Grâce au secours de la Nation, grâce à l'aide de mille et mille mains de femmes travaillant la laine, on distribua, à profusion, des vêtements d'hiver : chemises de flanelle, caleçons, bas, cravates et gants de laine; capuchons, capotes, plastrons et sacs de repos doublés de fourrure; souliers et sabots de bois pour défendre de l'humidité les membres inférieurs. On donna des chaufferettes pour les pieds et pour les mains aux hommes de tranchée et aux sentinelles qui étaient ensuite réconfortées, dans les abris, au moyen de briques chauffées, enveloppées dans des étoffes de laine, et appliquées aux extrémités, toujours menacées de congélation suivie de gangrène.

On pourvut, au moyen de caisses de cuisson, de *thermos,* au moyen des *scaldaranci* faits de petits rouleaux en papier de journal imbibés de cire, au moyen d'alcool solidifié, de fourneaux à graisse de bœuf, à assurer une soupe toujours chaude, même en première ligne; la ration alimentaire fut augmentée de manière à donner au soldat un minimum de 3.900 calories, et, pour les zones de haute montagne, un maximum de 4.700 calories.

Pour assurer l'eau là où les sources se gelaient, et là où elle manque toujours, en été comme en hiver, sur le plateau de Asiago et sur le Carso, on pourvut par tous les moyens mécaniques et par le transport au moyen d'animaux, de traîneaux et d'hommes. Le service de santé dut se préparer à vaincre les insidieuses hostilités de la nature, et un travail assidu, fait de prompts et ingénieux remèdes et de résistance tenace, fut indispensable pour assurer les communications avec l'arrière, à travers les routes

Le Groupe des « Tofane » constitue un des plus hauts champs de bataille d'Europe. Là, la guerre a surpassé toutes les entreprises d'alpinisme les plus audacieuses ; là, nos « Alpini », au chapeau orné d'une plume d'aigle, ont fait, en groupes, des escalades du plus pur et du plus glorieux acrobatisme. Ils ont déniché l'ennemi d'endroits considérés comme inaccessibles, au prix d'efforts inouïs, de fatigues surhumaines, d'héroïsmes restés ignorés dans la plupart des cas.

que la neige couvrait et à travers la neige même, lorsqu'elle s'élevait par couches de l'épaisseur de quelques mètres.

Ainsi, il fut possible à des centaines de milliers d'hommes, dont une très grande partie étaient de régions, comme l'Italie méridionale et la Sicile, où la neige est inconnue, d'hiverner dans des conditions de pleine force et de bonne santé, même dans des zones de montagnes au climat polaire, dépassant parfois 3.000 mètres. Quiconque veut mesurer l'effort de cette œuvre doit considérer que, pour un seul corps d'armée opérant dans des zones de montagnes, il fallut 300.000 planches, dont 200.000 au moins furent transportées par des bêtes de somme et par des hommes sur leur dos; il fallut 280.000 couvertures et autant de caleçons, de chemises et de bas de laine; 80.000 capotes d'hiver, 60.000 plastrons de fourrure et 10.000 sacs à poil. Il suffit de multiplier ces chiffres, même par quelques unités, pour obtenir un total qui donne la grandeur de cette œuvre silencieuse et forte.

L'ennemi, qui avait compté profiter de l'expérience de la campagne d'hiver sur les Carpathes pour accomplir une série d'opérations particulières, ayant pour but de reprendre des positions dominantes dans la haute montagne, se trouva au contraire forcé à une vigilance continuelle, car non seulement la ligne italienne était solidement maintenue, mais de nombreux groupes choisis, déjà exercés dans l'usage des patins de neige (*ski*) et munis de blouses blanches pour ne pas être distingués dans le paysage polaire, exercèrent une action incessante de reconnaissances offensives. Mieux encore, en février, dans la Val Sugana, sur le massif de la Marmolada et dans la zone de Plava, nos occupations furent étendues et fortifiées.

Comment les Serbes furent sauvés.

Mais, pendant les deux mois d'hiver, tandis qu'au front et derrière le front on travaillait d'une façon intense et en silence, l'armée et la flotte italiennes furent appelées à une autre tâche difficile, qui s'était déjà présentée comme nécessaire à la fin de 1915. Les résultats militaires obtenus dans la campagne balkanique, dirigée par Mackensen, avaient rendu facile à l'Autriche la réalisation de son ancien projet de domination, qui comprenait l'occupation militaire du Monténégro et de l'Albanie. Ce dessein ne pouvait être entravé par la tentative russe d'une action offensive en Bukovine qui, facilitée par le vaste emploi de troupes autrichiennes sur le front italien, dut s'arrêter en janvier, après les premiers succès, soit à cause de la saison, soit par suite de la prompte réaction du Commandement allemand, qui avait

Le royaume des Dolomites est le royaume de la ligne verticale. Ce sont des bastions formidables qui s'élèvent comme un défi perpétuel de la terre au ciel; des temples fabuleux aux immenses degrés; des pinacles aériens lancés dans le ciel avec l'impétuosité d'une fusée; des pyramides tronquées par des convulsions préhistoriques. Parmi ces ruines gigantesques d'un monde cyclopéen disparu, les soldats d'Italie soutiennent, depuis trente mois, une guerre de Titans, qui remplit de stupeur amis et ennemis.

désormais sous sa surveillance directe le front autrichien oriental.

Du reste, par suite des conditions militaires du Monténégro, par suite de la faiblesse de l'armée serbe débandée, et par suite encore d'une action politique préordonnée qui empêcha les résistances possibles que les Monténégrins auraient pu opposer de la formidable position du Lowcen dominant les Bouches de Cattaro dans l'Adriatique, l'occupation autrichienne du Monténégro et de l'Albanie septentrionale fut plutôt une marche.

La tâche de l'Italie était donc urgente et difficile. Toutes les horreurs d'une retraite dans un pays de montagnes, pauvre et sans routes, au milieu des rigueurs de l'hiver, apparaissaient parmi les troupes serbes survivantes, qui traînaient les prisonniers autrichiens faits dans la première campagne désastreuse, contre la Serbie, du général Potiorek. La faim et la maladie faisaient de grands ravages.

Avant toute chose, il fallait des vivres. Ils furent envoyés à travers la mer. Mais s'il était urgent de porter secours à tant de souffrances de soldats glorieux et de fiers fugitifs, il n'était pas moins urgent de pourvoir à leur transport, étant donné que tout plan de résistance aurait été absurde.

Pour que le transport s'effectuât, les Italiens occupèrent Durazzo par une marche rapide, de Valona, et organisèrent des défenses provisoires, comme une tête de pont jetée à travers l'Adriatique pour cette œuvre qui était, en même temps, une œuvre d'humanité et de solidarité militaire. En février, l'œuvre accomplie, les troupes italiennes quittèrent Durazzo, où les Autrichiens étaient arrivés en forces, mais non point à temps pour empêcher qu'on ne mît en sûreté jusqu'aux derniers groupes de serbes et les prisonniers autrichiens eux-mêmes, qui manifestèrent une immense gratitude pour les soins que leur prodiguèrent les Italiens.

Le roi Pierre et le Gouvernement serbe avaient d'abord débarqué à Brindisi; le roi et la reine du Monténégro les avaient suivis. Ces victimes du programme de spoliation de la vieille monarchie passaient en Italie pour affermir leurs desseins de lutte et de résistance, que le Président du Conseil, M. Salandra, déclarait solennellement à l'occasion de la visite à Rome du Président du Conseil, M. Briand, et d'autres ministres français.

La pleine solidarité avec les Alliés se répétait dans la déclaration faite par l'Italie de ne pas déposer les armes avant la réintégration de la Belgique, dont le pur représentant spirituel, le cardinal Mercier, avait eu à Rome, où il s'était rendu en janvier, un accueil vraiment solennel de spontanéité populaire. Pour témoigner de la pleine concorde des Italiens, le Conseil Municipal de Rome résuma les sentiments de la Capitale et de la Nation dans une adresse remise à l'héroïque Primat de la Belgique, venu raconter à son Chef, au Pape, les souffrances de son pays.

Les Missions que les Nations alliées ont envoyées visiter le théâtre le la guerre italienne, se sont émerveillées d'une chose, d'une façon unanime : de la manière dont nos soldats ont su porter la guerre sur les plus imposants sommets des Alpes, troublant la paix des glaciers immaculés, que des pieds humains n'avaient jamais foulés.

La solidarité italienne avec la défense de Verdun.

A la fin de février, les Allemands attaquent dans la zone de Verdun. C'est la grande offensive qu'ils rêvent comme devant être décisive au front occidental : offensive qui devrait être rapide, irrésistible, et qui, au contraire, s'arrête, s'immobilise sur le terrain tourmenté, après les premiers succès, partiels, limités. Mais les Allemands n'entendent point abandonner l'entreprise et veulent multiplier leur effort en hommes et en artillerie.

Sur le front italien, le ciel devient féroce. Neige, tourmente et avalanches font rage dans les montagnes. Dans le bas Isonzo, les positions, principalement celles du Carso, sont fouettées par des pluies torrentielles qu'absorbe la terre poreuse. Les soldats vivent dans la boue, comme les damnés de Dante.

Toutefois, comme, en mars, les attaques des Allemands contre Verdun se font toujours plus intenses, bien que très sanglantes, et comme les Empires centraux s'obstinent à annoncer la nécessité d'une action à fond contre le front occidental, le Haut Commandement Italien juge nécessaire d'exercer une forte pression sur tout le front. L'ennemi serait ainsi empêché d'éloigner des troupes, et principalement de l'artillerie, dont le besoin était continuel au front français. Les premières attaques, heureuses, commencèrent le 6 mars, sur la Tofana, puis, dans le moyen Isonzo, et au sud-est du Corada, autour de la Conca di Plezzo, près de Gorizia. Avec une rapidité déconcertante, une autre série de violentes attaques suivit immédiatement sur le Carso, contre les têtes de pont de Gorizia, de nouveau sur la Tofana et au nord-est du Jof di Montasio, au point de jonction des Alpes Carniques et des Alpes Juliennes.

Le Commandement autrichien, qui ne s'attendait à rien à cause des rudes difficultés de la saison, encore rigoureuse, préoccupé de ne pas voir la direction principale de ces attaques, demanda et obtint des renforts du front balkanique et même du front russe. Pour parer de nouveaux coups, il tenta une contre-offensive qui commença le 26 mars par une opération sur le haut But, une de nos principales positions des Alpes Carniques. Les infanteries italiennes

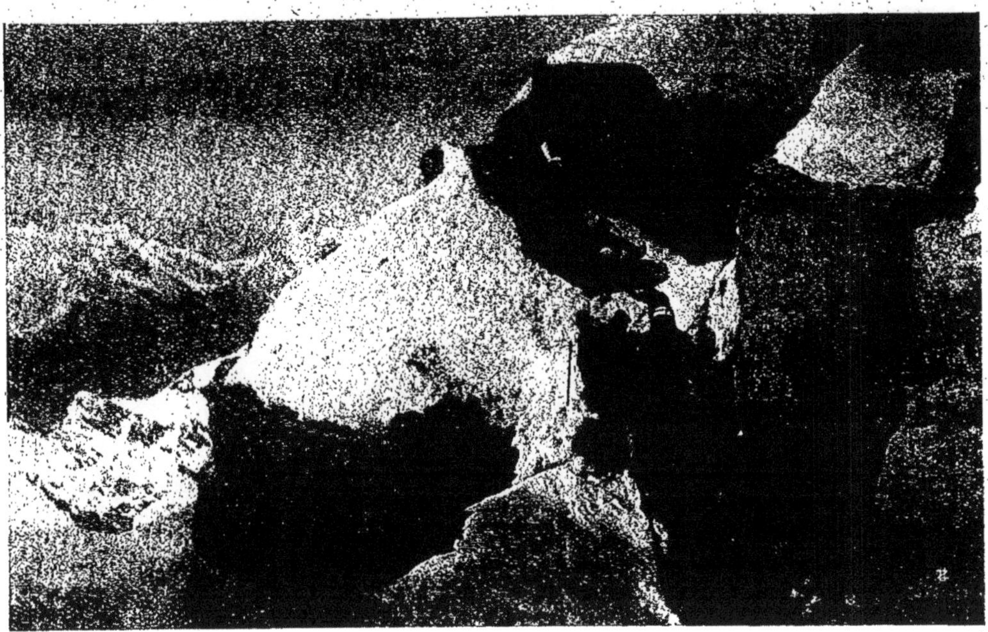

Les hardis bataillons de nos soldats ont répondu, chaque fois, aux visiteurs, en allant toujours plus haut.

contre-attaquèrent immédiatement avec bravoure, et, après un combat qui dura trente heures, au milieu de la neige, non seulement elles reprenaient le terrain perdu, mais elles ajoutaient la conquête de deux nouvelles positions.

Un autre combat, qui dura quarante heures, s'engagea le même jour sur les hauteurs au nord-ouest de Gorizia, et finit par la retraite de l'ennemi dans les tranchées d'attaque. Dans cette première phase, 800 prisonniers et beaucoup de matériel de guerre, tombé entre les mains des Italiens, montraient l'heureuse opportunité de ces opérations, qui furent une bonne preuve de la solidarité italienne avec la cause française, au moment où le général Cadorna se rendait à Paris et à Londres, pour examiner la situation militaire générale.

En avril, les actions de mars furent reprises, principalement dans la haute montagne, où l'on expérimenta, contre l'un des plus puissants boulevards ennemis, un moyen ardu de destruction : la mine. En effet, après de hardies opérations dans la zone de l'Adamello, à une hauteur supérieure à 3.000 mètres, dans la Val di Ledro, dans la Val Sugana et sur la Marmolada, le 18 avril, la crête du Col di Lana sauta, par l'explosion d'une puissante mine, à laquelle on avait travaillé pendant tout l'hiver (1). Le Col di Lana, au delà de la route des Dolomites, entre Corvara et Pieve, au sud-ouest de la Tofana, avait connu, en 1915, les audaces sanglantes des fantassins qui étaient allés et revenus à l'assaut, en montant par les côtes escarpées, lorsqu'il était nécessaire de ne pas laisser de répit à l'ennemi. Maintenant, il connaissait les terribles effets de l'œuvre patiente et hardie de ces mêmes fantassins, devenus en hiver des mineurs et occupés à creuser, par un simple changement de travail et de fatigue, rendu possible par les

(1) Au Col di Lana (Alto Cordevole), on pratiqua deux chambres de mine, chargées l'une avec deux tonnes de gélatine et l'autre avec trois. Les deux chambres étaient reliées par une branche d'une longueur de 16 m. et avec section de 0 m., 8 × 1 m., 00, à laquelle on avait accès (vers le milieu) par une galerie, d'une longueur de 100 mètres environ et avec section de 1 m., 40 × 1 m., 00, revêtue de châssis de gros madriers. Le travail d'excavation fut commencé vers la fin de décembre 1915 et terminé le 12 avril 1916. En même temps, on exécutait d'autres travaux pour l'organisation défensive de nos positions. L'explosion des deux mines conduisit à l'occupation complète du sommet du mont et d'une partie de l'occupation ennemie vers le Mont Sief. Le cratère produit avait une longueur de 40 mètres environ et une largeur d'environ 25 mètres. Le rayon de projection des matériaux atteignit 400 mètres.

La tranchée est tout ce qu'on peut imaginer de plus rude pour mettre à l'épreuve le degré de résistance, l'esprit de sacrifice, l'élan héroïque d'une armée. Mais la tranchée dans la montagne est la plus terrible.

heureuses aptitudes de la race, qui est ardente et calme en même temps, propre à l'assaut à la baïonnette et au travail de la pioche. La montagne était attaquée par de nouveaux moyens, que l'armée italienne a ensuite développés, perfectionnés, créant ainsi un nouveau type de travail de génie militaire pour la défense et l'assaut des roches dolomitiques.

Le Commandement autrichien tenta des diversions sur le haut et sur le moyen Isonzo; mais elles furent vaines. Le Commandement italien reprit l'action dans le bas Isonzo, action qui atteignit son point culminant à Selz, près de Monfalcone, où l'ennemi perdait un système de très forts retranchements, laissant 1.300 prisonniers, 2 canons et un large butin d'armes et de munitions. Comme toujours, à la suite d'échecs subis sur le front, l'ennemi chercha à assouvir sa rage par des attaques aériennes, où il espérait affirmer une de ses supériorités, frappant même des villes ouvertes, comme il le fit en volant sur Ancône, pendant que le premier ministre anglais, Asquith, se trouvait en Italie, pour s'entretenir avec le Gouvernement italien et pour visiter le front.

Mais, bien que le terrain de montagnes ne se prête pas à un vaste emploi de moyens aériens, soit de reconnaissance, soit d'offensive, et qu'il n'y ait point de zones immédiates d'atterrissage facile pour l'attaque prompte et rapide des appareils de chasse, la préparation faite pendant l'hiver avait également pourvu à l'offensive et à la défensive aériennes.

Ainsi, par suite de la vigoureuse réponse italienne à ses attaques aériennes, non seulement l'ennemi fut éprouvé par la perte d'appareils, mais il dut encore subir des opérations aériennes d'offensive réussies, auxquelles participèrent des dirigeables et des aéroplanes, bombardant des jonctions de chemins de fer, la ville d'Adelsberg et l'arsenal du Lloyd autrichien, de Trieste, transformé en station d'aviation.

L'armée italienne a triomphé de cette dure épreuve, et les tranchées, — désormais immortalisées dans l'histoire, — du Monte Nero, du Pasubio et de beaucoup d'autres monts, sont justement considérées comme les sillons sacrés où la meilleure jeunesse a jeté, avec son sang, les germes de l'Italie nouvelle, libre des Alpes à la mer, puissante dans la guerre et dans paix!

La vaine offensive de la vieille haine autrichienne.

Comment fut préparée la " strafeexpedition ".

L'ARMÉE italienne avait donc commencé à mettre en mouvement ses forces réorganisées et nouvelles. Mais une épreuve décisive de la nouvelle année de guerre se préparait.

Lors de la déclaration de la guerre italienne, le Commandement autrichien avait dû, à contre-cœur, renoncer à l'offensive que la malheureuse frontière italienne et la formidable préparation, continuée pendant toute la période de l'Alliance, lui rendaient cependant facile et prompte. Mais, en 1915, les Empires du Centre avaient décidé de trouver la solution de la guerre à l'Orient, et, si l'Autriche ne put participer avec toutes ses forces au plan décisif, cela eut lieu précisément à cause de l'intervention italienne. Il y avait donc un double motif de « punir » l'Italie.

« Punir », car les trente années d'alliance n'avaient rien changé aux desseins de la vieille Monarchie de frapper la jeune Nation italienne, qui non seulement exerçait une juste attraction sur tous les Italiens restés encore sous le joug autrichien, mais qui, par ses traditions, par sa civilisation, par la force renaissante de son peuple, s'était placée au même rang que les grandes puissances. Cela était intolérable pour l'Autriche, qui considérait encore l'Italie comme un pays vassal, comme un petit Etat satellite, et qui avait la même mentalité que Metternich, résistant à toute évidence historique nouvelle. L'Alliance avait donc été considérée comme un lien imposé à l'Italie par la vieille Monarchie, qui attendrait l'heure favorable pour mettre son plan militaire à exécution, ou pour obtenir les mêmes résultats par la seule menace de sa puissance guerrière, comme cela avait eu lieu en 1908, en face de la Russie et de toute l'Europe, pour l'annexion de la Bosnie-Herzégovine.

Les « Tofane! » Quiconque n'a point vu ces effrayantes énormes tours de pierre rose striée par la blancheur de la neige ne peut comprendre ce qu'est la guerre italienne de montagne: la guerre des aigles.

Le plan d'invasion de l'Italie, inspiré par la frontière que nous avons décrite, était le plus familier aux manœuvres de l'armée autrichienne, le plus étudié par l'Etat-Major et particulièrement par le chef, le général Conrad von Hœtzendorf, partisan convaincu du coup décisif porté à travers le coin du Trentin, celui dont la minutieuse préparation avait été dénoncée, à la Chambre italienne, par le député Barzilaï, triestin, lorsque, en juin 1909, il avait pu rapporter les phrases les plus caractéristiques empruntées à un petit manuel distribué aux troupes de la Monarchie, pour leur enseigner, en italien, les demandes et les réponses qui auraient été plus facilement nécessaires pendant l'invasion, comme celles-ci: « *Appelez-moi le maire. Où est la poste? Où est le bureau télégraphique? Où est l'argent du Trésor? Où sont les dépôts de blé?* ». — Ou bien d'autres ainsi faites: « *Connaissez-vous le pays? Vous serez notre guide. Si vous nous conduisez bien, vous serez bien payé; si vous nous conduisez mal ou si vous nous trahissez, vous serez fusillé* ». — Ou d'autres encore: « *Halte-là! D'où venez-vous? Etes-vous de ce pays-ci? Que savez-vous des troupes italiennes?* ».

Mais la neutralité d'abord, la déclaration de guerre ensuite de la part de l'Italie, qui avait si fortement et si librement affirmé, dans la plus grande guerre, son droit et son devoir de grande puissance, avaient apporté de nouveaux motifs de furieux mépris à l'ancien dessein, bien mûri, de la vieille Monarchie, de « punir ». C'est pourquoi, dans le plan d'action préparé pour 1916, lorsque les Empires centraux se considéraient comme sûrs d'avoir encore l'initiative des opérations, l'Allemagne avait décidé l'attaque au front français pour en finir avec la France et avec l'armée anglaise, l'Autriche-Hongrie avait décidé l'attaque au front italien pour la « punition ».

Le choix du plan de Conrad de porter le coup à travers le Trentin, tout couvert de neige jusqu'au printemps avancé, et la nécessité d'organiser les occupations balkaniques empêchèrent la simultanéité des attaques. Les Allemands, dès qu'ils furent sûrs de leur préparation, déchaînèrent l'offensive à la fin de février. Les Autrichiens se préparèrent pour le mois de mai, et, sans aucun doute, l'échec de l'entreprise de Verdun piqua encore plus vivement l'amour-propre du Commandement autrichien. En effet, après les graves échecs subis, en 1914, au front russe et au front balkanique, ce dernier

Le « Tofane » son de véritables forteresses naturelles, des murailles énormes, où se cache l'embûche : c'est du haut de ces murailles que l'Autriche a pu facilement s'opposer à l'impétuosité des armées d'Italie.
Mais l'alpin, montagnard tenace qui ne craint ni les vertiges de l'abîme ni le piège de l'ennemi, a escaladé en silence la muraille inaccessible, se traînant dans les fentes des rochers, se tapissant, entre deux rochers, derrière les aspérités de la dolomite tourmentée et corrodée ; il a surpris l'ennemi dans ses cavernes, et a planté peu à peu le drapeau sur tout le groupe titanique de cimes, de blocs de roches, de pointes, qui constitue les trois « Tofane », le glacis qui domine la conque verte de Cortina. Puis, ce fut tout un travail d'adresse et d'agilité pour rendre la morne roche habitable, pour y adapter des refuges, pour y tracer des sentiers ou des escaliers, pour construire des observatoires aériens d'où l'on domine tout l'arrière de l'ennemi. Et les « Tofane » devinrent terre d'Italie.

était passé sous la dépendance de l'Etat-Major allemand, qui avait pris en main la direction des opérations au front oriental et avait imposé sa propre autorité supérieure même dans la campagne contre la Serbie.

L'entreprise contre l'Italie, qui aurait été envahie et forcée à la paix séparée, était, dans la conviction de l'Etat-Major autrichien, qui s'en serait attribué entièrement le mérite, le coup décisif.

La sûreté du plan de Conrad était telle que le Commandement autrichien ordonna la longue et minutieuse préparation de l'offensive, qui se déchaîna vers la moitié de mai, s'appuyant sur deux jugements qui se manifestèrent ensuite comme deux erreurs grossières. La première se fondait sur la présomption du peu de résistance de l'armée italienne, jugée incapable de faire face à une action décidée en grand style; incapable non seulement faute de préparation militaire, mais surtout faute de vigueur morale, en vertu de quoi une retraite sur un point très sensible du front se serait bientôt changée en une défaite. La seconde se fondait sur la présomption de l'impossibilité, pour l'armée russe, de tenter encore une offensive de grandes proportions, après l'action de la première moitié de janvier en Bukovine, rapidement arrêtée.

Ferme sur ces deux jugements, le Commandement autrichien, se jugeant sûr du front oriental, enleva à ce dernier les meilleures troupes, les plus aguerries et les plus fidèles, et une grande quantité d'artillerie, et, avec des unités retirées du front balkanique, il constitua les dix-huit divisions destinées à l'attaque dans le Trentin. A cette masse de 400.000 hommes, munie de plus de 2.000 bouches à feu, dont la moitié de moyen calibre, avec 40 pièces de 305, 4 de 380 et 4 de 420, il donna, pour en désigner la tâche sûre et fatale, le titre méprisant de « expédition-châtiment ». Cette expédition, après avoir triomphé, par le feu concentré de sa puissante artillerie et par l'impé-

On ne fait point de la rhétorique lorsqu'on affirme que les Alpins et les fantassins italiens conquièrent des cimes « inaccessibles ». Si leur ténacité et leur hardiesse héroïque y parviennent, les routes d'accès sont souvent absolument impraticables pour tout transport, ou deviennent telles dans la saison d'hiver. Il faut nourrir ces aigles dans leurs nids, à 2.000, à 3.000 mètres d'altitude, à 3.902 (sommet de l'Ortler).

tuosité de ses bataillons, amassés sur un front restreint, de la défense de la ligne de montagne, aurait rapidement débouché dans la plaine du Pô, se trouvant aux épaules de l'armée combattant sur l'Isonzo, qui aurait été prise entre deux feux et forcée à une retraite précipitée. L'invasion des régions les plus riches et les plus populeuses de l'Italie était tellement certaine qu'on désigna aussi des officiers qui, munis de guides Baedeker et de manuels d'histoire de l'art, devaient suivre les troupes victorieuses et recueillir les objets les plus précieux, ainsi que les œuvres d'art de nos musées et de nos églises, pour les expédier en Autriche!

L' échec du plan d' invasion.

Le plan échoua complètement et rapidement. Le front d'attaque choisi par les Autrichiens comprenait la zone entre l'Adige et le Brenta. Le bombardement, commencé le 12, devint très intense le 14 mai, et, pour maintenir l'incertitude sur la direction de l'assaut, il s'étendit avec une grande violence depuis la Val Giudicaria jusqu'à la mer, montrant ainsi que le groupement de l'artillerie pour l'offensive n'avait pas été fait au détriment de l'armement de tout le reste du front, qui se révélait au contraire toujours puissant pour le nombre et la qualité des bouches à feu. Le 15 eut lieu l'assaut des infanteries, impétueux, sur toute la ligne choisie pour l'attaque.

Mais l'aile droite autrichienne fut très impétueuse, parce que l'ennemi voulait nous déloger des positions dominant Rovereto, qui était désormais menacé de près; mais plus encore parce qu'un succès rapide et complet dans cette zone aurait décidé du sort de l'offensive. En effet, l'envahisseur, triomphant dans la Vallarsa, aurait parcouru, sur la route qui conduit de Rovereto à Schio, le plus court espace, pour atteindre la plaine, et se serait trouvé aux épaules de nos troupes défendant le plateau d'Asiago. Au contraire, quatre jours après l'attaque, l'aile droite autrichienne était nettement arrêtée. Après qu'on se fut replié en bon ordre et en continuant à résister, laissant ainsi les positions les plus avancées, notre résistance devenait très solide sur la ligne Coni Zugna-Passo di Buole.

Dans ce but, on a largement et hardiment appliqué les « transporteurs aériens », qui relient les routes du fond des vallées, où arrivent les camions ou les mulets, avec les plus hautes positions. Le transporteur aérien (« teleferica ») est une spécialité de l'armée italienne.

c'est-à-dire en se maintenant toujours sur le territoire ennemi, à 12 kilomètres environ de la vieille frontière. Jusqu'à la fin du mois de mai, l'ennemi, ayant compris la valeur considérable de la superbe résistance de la 37ème division, s'acharna obstinément par des attaques incessantes; mais les 12 journées de bataille continue remplirent de cadavres autrichiens le Passo di Buole et le courant grossi de l'Adige. La rapide invasion était ainsi arrêtée à la droite ennemie, grâce aussi à la résistance du Pasubio, devenu un boulevard de notre défense contre les attaques désespérées des ennemis, pendant les derniers jours de mai.

L'aile gauche ennemie avait le même sort dans la Val Sugana. Là aussi, le long de la route marquée par le cours du Brenta, il fallait vaincre, et rapidement, pour réussir dans l'invasion.

Il fallait repousser l'armée italienne des positions au delà de Borgo, en arrière, au delà de la vieille frontière, pour empêcher que l'armée d'invasion ne se trouvât menacée par la nôtre sur le flanc gauche. Au contraire, du 15 au 25 mai, nos troupes se retirèrent, toujours en combattant, des positions les plus exposées et qui avaient été atteintes pour des avances ultérieures, et choisirent la ligne de résistance un peu en arrière de Borgo, c'est-à-dire toujours sur le territoire ennemi, à 18 kilomètres environ de la vieille frontière. Toutes les attaques ennemies se brisèrent contre cette ligne.

Ainsi, quatre jours après l'offensive, c'est-à-dire le 19 mai, l'aile droite ennemie était arrêtée; onze jours après, c'est-à-dire le 26 mai, l'aile gauche était également arrêtée. Le mouvement ayant échoué aux ailes, les progrès que les Autrichiens réussirent à réaliser au centre, sur le plateau d'Asiago, où les bataillons et les canons renfermés dans une zone toujours plus étroite, étaient comme étouffés par leur résistance même, perdirent au fur et à mesure de leur valeur. Arsiero et Asiago, les principaux centres habités de la zone montagneuse et boisée laissée par nos troupes, connurent toute la rage de la victoire manquée et furent saccagées et incendiées. Le 2 juin, grâce à l'action de résistance effectuée pendant les dix-huit jours qui suivirent l'attaque, le Haut Commandement Italien, comme cela fut annoncé par le général Cadorna dans le bulletin du 3 juin, put considérer l'offensive autrichienne comme « nettement arrêtée sur tout le front d'attaque ».

Le long des vibrants fils d'acier, les transporteurs portent tout en haut, à travers l'espace, les sacs de vivres, les caisses de munitions, les médicaments, la correspondance si impatiemment attendue : tout ce qui est le plus nécessaire et le plus cher à la vie du soldat.

La grande manœuvre pour la résistance italienne.

En effet, nos troupes étaient désormais sûres de la résistance, avec les réserves amenées sur la ligne de combat, de telle sorte que l'ennemi ne put avoir que quelque succès local et partiel, procuré par le poids de l'énorme machine qui se trouvait encore en mouvement.

Mais il y avait ceci de plus : que le général Cadorna, grâce à une manœuvre prompte et habile, après avoir triomphé de la première surprise déconcertante, de la formidable attaque ennemie, et pourvu à affermir la résistance du centre avec celle des ailes, au lieu d'amasser inutilement des troupes dans la zone montagneuse et aride du plateau, avait réuni dans la plaine une nouvelle armée. Celle-ci aurait donné bataille à l'« expédition-châtiment », dans le cas où, multipliant ses efforts, elle aurait débouché entre Thiene et Bassano. En un peu plus de deux semaines, une œuvre colossale avait été accomplie : 82.000 wagons et plus de 1000 fourgons automobiles avaient transporté, vers la région menacée, une masse égale, sinon supérieure, à celle qui avait été réunie par l'Autriche, avec de l'artillerie, des vivres, des munitions, des médicaments, des outils et du matériel de toute espèce. Une organisation logistique immédiate avait aussitôt pourvu à la vie de ces centaines de milliers d'hommes et de dizaines de milliers de quadrupèdes. Seulement pour les troupes combattant sur l'aride plateau, il fallait tous les jours une provision de non moins de 450.000 litres d'eau.

Garanti par cette force, le général Cadorna donnait, le 2 juin, lorsque l'ennemi espérait encore avancer avec succès, les premières dispositions pour la contre-offensive, qui se développerait en se fondant sur les positions des ailes, menaçant désormais les flancs de la masse ennemie. Ces événements montraient l'inanité du premier jugement du Commandement autrichien, sur l'incapacité de la résistance italienne.

Deux jours après, le 4 juin, la grande offensive russe, dirigée par Broussiloff en Bukovine, montrait l'inanité du second jugement du Commandement autrichien, sur l'impossibilité, pour les Russes, de développer une action en grand style. Le 21 mai, un communiqué officieux italien, clair et détaillé, avait pu indiquer com-

Pour certains postes invraisemblables de vedette, pour certains observateurs hardis, le mince câble du transporteur aérien est parfois, pendant des semaines et des mois, l'unique lien, à travers l'abîme, entre le combattant, perdu là-haut dans le brouillard ou la tourmente, et le reste du monde.

ment des unités sûres et solides, qui se trouvaient au front italien, avaient été retirées du front russe, avec la grosse artillerie. Les succès russes extraordinaires qui, en peu de temps, portèrent le chiffre des prisonniers à 400.000, chiffre absolument disproportionné avec le nombre limité des morts et des blessés, prouvèrent, avec le maigre butin d'artillerie sur une si vaste zone occupée, que le Commandement autrichien avait laissé au front russe, pour organiser l'« expédition-châtiment », des troupes d'une fidélité douteuse, comme les régiments tchèques, ou sans aucune combativité. L'Archiduc Joseph, commandant en chef autrichien au front oriental, était tellement sûr de ne pas avoir à combattre qu'il sourit, à la première nouvelle de l'offensive russe, et se refusa à donner des dispositions, déclarant qu'il s'agissait d'attaques sans conséquences sérieuses; mais, quelques heures après, il était forcé d'abandonner précipitamment Czernowitz, avec ses officiers.

L'« expédition-châtiment » avait échoué, et la masse d'attaque, fleur de l'armée austro-hongroise, se trouva cernée dans la position qu'elle avait cru devoir être le véhicule rapide de l'invasion.

Lorsque les Russes attaquèrent, les divisions autrichiennes étaient engagées et décimées; les forces italiennes, après les pertes inévitables en hommes et en canons subies dans les premiers jours de l'offensive, se trouvaient prêtes à profiter de tout affaiblissement; d'autre part, la route était longue jusqu'au front oriental, et, pour arrêter l'impétuosité irrésistible des formidables masses russes, l'aide des Allemands fut encore une fois nécessaire.

Le plan de Conrad avait échoué, et la valeur de l'intervention italienne dans la grande guerre se répétait, intacte, se multipliait même, car l'épreuve, la grande épreuve historique de l'inimitié mortelle de la vieille Monarchie envers la jeune Nation, avait été surmontée, et l'erreur du Commandement autrichien avait permis aux Russes une revanche qui se rattachait aux heureuses opérations de contre-offensive par lesquelles, l'année d'auparavant, après l'intervention italienne, les Russes avaient réussi à arrêter l'avance des Autrichiens.

La grande épreuve, à travers les incertitudes mêmes des premiers jours, où les formidables artilleries autrichiennes avaient produit le même effet que les éléphants de Pyrrhus sur les Romains, avait donné à l'Armée le moyen de retrouver une nouvelle force et une nouvelle ardeur, sous la direction du général Cadorna, qui avait attendu l'ennemi de pied ferme.

Le transporteur aérien est parfois terminé par une station compliquée et grandiose : les soldats italiens ont été des constructeurs très habiles, guidés par de savants officiers ingénieurs.

La retraite autrichienne.

Derrière l'armée, le Pays s'était serré dans un dessein plus ferme de résistance, et au Cabinet de M. Salandra succédait le Ministère National, dont faisaient partie, pour la première fois en Italie, des ministres des partis catholique, socialiste réformiste et républicain, tous d'accord sur le même programme, conduire la guerre jusqu'à la victoire.

Les évènements qui suivirent en juin, en juillet et puis en août, montrèrent que le plan autrichien avait échoué, soit dans ses effets positifs, soit même dans les effets négatifs qui, pour un moment, lui furent reconnus même par un critique militaire allié, le colonel Repington. Après une visite au front italien, ce dernier avait jugé que l'armée italienne avait, oui, repoussé l'invasion, mais qu'elle se trouvait paralysée dans sa capacité offensive. Au contraire, le plan du général Cadorna, — qui se proposait de marcher de nouveau sur l'ennemi, sur cette route de Trieste où le général Cadorna, son père, s'était déjà engagé en 1866, — ne fut nullement changé. Au contraire, se fondant sur la silencieuse préparation de l'hiver, il profita de la dure épreuve surmontée dans le Trentin, de telle sorte que la victoire put consacrer le succès d'une des plus habiles manœuvres de cette vaste guerre.

Les dispositions données par le Commandement italien pour la contre-offensive eurent leur première exécution le 16 juin. L'attaque résolue eut lieu à l'aile droite, dans le but d'exercer une pression sur le flanc gauche de l'ennemi, qui se trouvait déjà menacé par les positions fermement maintenues dans la Val Sugana. Elle eut un plein succès. On prit à l'ennemi des positions dominantes, des centaines de prisonniers, une batterie de montagne, des mitrailleuses. On attaqua de nouveau le 18, et, quatre jours après, suivait l'attaque de notre aile gauche contre l'aile droite ennemie, ainsi menacée elle aussi. Pendant la nuit du 25 juin, le Commandement autrichien fut forcé d'ordonner la retraite de son centre. Nos troupes prirent aussitôt contact avec l'ennemi pour le serrer de près, et l'action continua en juillet, avec ténacité. Arsiero et Asiago furent réoccupées; notre ligne fut portée en avant des ailes et du centre, par une lutte assidue, de position en position, toujours forcés à l'attaque de bas en haut, tandis que l'ennemi avait profité, dans l'attaque, et profitait ensuite, dans la retraite, de

Parfois aussi, le précieux mécanisme — mû généralement par des moteurs à explosion — se prête à un usage émouvant : le transport, rapide et commode, des malades ou des blessés dans la guerre des plus hautes cimes. L'emploi humanitaire complète, ainsi, l'usage qu'on en fait plus particulièrement pour la guerre.

la possession de la zone montagneuse dominant le plateau d'Asiago.

Pendant ce temps, pour porter toujours de nouvelles menaces au flanc ennemi et affermir notre action de contre-offensive, une heureuse opération nous donnait la possession du Passo di Rolle (1956 mètres), dans les Alpes Dolomitiques dominant la route qui unit la Conca di Fiera di Primiero à la grande route des Dolomites. Alors commençait avec succès la série de méthodiques opérations de montagne sur le massif parallèle à la Val di Fiemme.

Une mine formidable, qui détruisit la position autrichienne du « Castelletto », consolida notre occupation de la Tofana, devenue ensuite un véritable type d'occupation de montagne (1).

Le Commandement autrichien avait voulu faire croire sa retraite volontaire, laquelle, même volontaire, n'en signifiait pas moins l'aveu de l'échec du grand plan d'invasion. Mais, 5.364 prisonniers, dont 102 officiers, 10 canons, 50 mitrailleuses et du matériel de guerre, tombés entre nos mains pendant la contre-offensive, attestent au contraire combien la manœuvre italienne avait été prompte et active.

---

(1) Dans la mine du Castelletto (première « Tofana », dans la Val Costeana), on employa environ 35 tonnes de gélatine explosive.

La galerie d'accès au forneau avait une longueur de plus de 200 mètres. Les excavations étaient toutes dans la roche. A l'entrée et vers le milieu, on y pratiqua des élargissements pour les machines et pour les dépôts. On arrivait à l'entrée de la galerie par un escalier en bois, qui franchissait une différence de niveau de 50 mètres environ.

On employa environ 5 mois pour les observations et les excavations, qui furent exécutées en même temps que d'autres travaux nécessaires pour la systématisation et le renforcement de notre position. Parmi les autres préparatifs, il y a lieu de noter aussi l'excavation d'une ramification de la galerie principale (d'accès à la chambre de mine), d'une longueur de 200 mètres environ, qui débouchait sur la paroi de la « Tofana », en face des positions occupées par l'ennemi sur la cime du Castelletto, et sur l'endroit miné. Un fait également digne d'être mentionné, c'est que les observations durent être effectuées de positions d'un accès difficile, vues et efficacement battues par l'ennemi.

L'explosion de la mine produisit un entonnoir elliptique, ayant un petit axe de 50 mètres environ et un grand axe de 80 mètres environ, et la destruction de toutes les défenses et des abris de l'ennemi, dont neuf hommes seulement purent se sauver dans une grotte au nord de l'entonnoir, d'où ils furent ensuite chassés. Une grande quantité de roche tomba des flèches du Castelletto et des parois des « Tofane », dans un rayon de 250 mètres environ.

La victoire de Gorizia.

La seconde manœuvre pour conduire l'Armée de la défense du Trentin à la grande offensive sur l'Isonzo.

Ces opérations, auxquelles les Autrichiens opposèrent une seule diversion, l'attaque au moyen de gaz asphyxiants et de masses d'armes, le 29 juin, à San Martino del Carso, qui échoua, elle aussi, grâce à l'héroïque résistance de nos troupes, firent croire à l'Etat-Major autrichien que le Commandement italien épuiserait les forces vives de l'armée dans la zone du Trentin, les usant dans les attaques ayant pour but de délivrer le petit espace de territoire montagneux demeuré encore à l'ennemi après la retraite. Ce fut une nouvelle erreur, une nouvelle illusion.

Nazario Sauro, de Capo d'Istria, marin intrépide, était le plus profond connaisseur de la côte orientale de l'Adriatique, dont le moindre cap, la moindre baie, le moindre îlot, le moindre écueil lui étaient familiers.

S'étant enfui de l'Autriche au mois de septembre 1914, il s'établit à Venise, où il fit œuvre assidue, constante, d'agitation pour l'intervention de l'Italie.

Après la déclaration de guerre, il se mit au service de la Marine italienne et prit part à plus de soixante expéditions; il fut même le fervent inspirateur de quelques-unes de ces dernières. Le 29 juin, il quitta Venise pour une hardie entreprise, qui devait être la dernière. Le sous-marin sur lequel il était embarqué fut pris: arrêté, dénoncé comme déserteur, caractère de héros, il contesta jusqu'à la fin son identité, afin de sauver son œuvre pour la Marine et pour l'Italie.

Le Gouvernement autrichien eut recours à l'intervention de sa vieille Mère pour la reconnaissance. A Pola, une nouvelle potence fut dressée, pour l'obscur pilote qui devint, pour le peuple italien, le nouveau symbole de rédemption du « *Mare Nostrum* ».

En effet, pendant que ces opérations se suivaient, engageant les troupes qui avaient été conduites d'une façon sûre et solide sur la ligne de combat pour combler les vides des graves premières pertes, pour résister à l'ennemi et le repousser ensuite, le général Cadorna mûrissait la grande opération pour laquelle il gardait intacte la plus grande partie des forces qu'il avait réunies dans la plaine vénitienne: l'attaque de la place forte de Gorizia et du premier formidable bastion du Carso. C'était le projet de la première année de guerre qui revenait, de porter un coup énergique sur le front de l'Isonzo; il revenait, triomphant de toute préoccupation provenant de la grande offensive ennemie, pour reprendre l'initiative des opérations, pour porter la plus grande contribution à l'action concordante des Alliés, qui avait commencé par l'offensive anglaise sur la Somme. Le projet revenait, de combattre énergiquement l'ancien ennemi qui, battu dans sa plus grande entreprise, affirmait encore une fois sa triste tradition de tyrannie, violente et macabre, en condamnant à la pendaison Cesare Battisti, député italien de Trente, fier combattant parmi les alpins italiens, fait prisonnier après avoir été blessé. Reconnu, on lui passait la corde au cou le 12 juillet. L'« expédition-châtiment » avait misérablement avorté; mais le bourreau était appelé a remplacer, en face du monde, le général Conrad. La vieille Monarchie et le vieil Empereur songeaient eux-mêmes à consacrer, par le martyre de ce pur héros, la sainteté de la guerre italienne, en la rattachant à toute l'œuvre du « Risorgimento ».

L'armée sentit comme un nouveau devoir de combattre et de vaincre. Et elle vainquit. La préparation, silencieuse et prudente, de la vaste offensive commença le 29 juin, lorsque la contre-offensive avait obtenu les premiers résultats certains. Le général Cadorna, après avoir établi l'idée et les modalités de la vaste manœuvre qui devait se développer entre le Trentin et l'Isonzo, confia l'exécution de l'attaque, depuis les têtes de pont de Gorizia jusqu'à la mer, à la troisième armée commandée par le duc d'Aoste, Emmanuel-Philibert de Savoie. Le succès du plan devait se fonder sur la décision, découlant d'une préparation soigneuse, et sur la surprise. Pour avoir l'une et l'autre, le général Cadorna assigna les forces en hommes et en artillerie qui auraient dû se déplacer vers le front de l'Isonzo et voulut que tout fût minutieusement calculé pour rassembler ces forces au moment opportun. Jusqu'au 27 juillet, c'est-à-dire pendant un mois environ, les masses réunies dans la plaine vénitienne ne bougèrent point, pour que l'ennemi demeurât dans la conviction que l'activité principale de l'armée était retenue au front du Trentin, où les opérations continuaient, comme nous l'avons dit. Quelques unités de réserve seulement, quelques compléments et du matériel furent transportés pendant ce temps avec précaution. Ce qui importait, c'était l'assignation sûre et prompte en hommes et en artillerie à l'endroit établi le long du front d'attaque, l'encadrement parmi les unités qui se trouvaient déjà en ligne, la possibilité d'une manœuvre rapide et régulière pour une action qui fût imprévue.

Tout se passa comme cela avait été calculé et voulu. Du 27 juillet au 4 août, des troupes et de l'artillerie furent amenées au front de l'Isonzo et atteignirent ponctuellement les postes fixés. L'organisation logistique fonctionna à la perfection : des divisions entières, comme déjà au mois de mai, furent transportées en longues colonnes de *camions*, avançant en toute sûreté comme de longues chaînes aux solides anneaux, sur les routes unies, préparées, créées *ex novo*, jusqu'à la ligne d'attaque. Enfin, contre les formidables positions ennemies, qui avaient connu l'obscur héroïsme des infanteries lancées à l'assaut en 1915, on pouvait expérimenter la force d'un appareil de guerre qui, grâce à l'effort industriel de la Nation, pouvait donner un appui mécanique d'artillerie et de moyens offensifs à l'élan et à la foi des troupes. Personne ne s'attendait, à une si courte distance des opérations du Trentin, à une si rude et si puissante action de guerre de la part de l'armée italienne, qui savait aussi devoir rencontrer les nouvelles défenses que l'ennemi avait effectuées dans les entrailles des monts, et par suite desquelles ses positions étaient déclarées militairement inexpugnables.

Cesare Battisti, trentin, réfugié, officier alpin, blessé dans un combat loyal, pris par les Autrichiens, pendu comme un malfaiteur dans le Château de Trente : c'est le symbole du martyre des Italiens opprimés par l'Autriche.

En présentant sa tête à la corde du bourreau, il cria : Vive l'Italie !

Pendant des kilomètres et des kilomètres, le long des crêtes battues par la tourmente, à travers les « corniches », sur les flancs escarpés où les avalanches roulent à chaque instant, on a creusé des galeries dans la glace, d'un poste à l'autre, d'une cachette à l'autre. Quelle merveilleuse constance pour résister à la longue saison glaciale, dans la solitude continuellement menacée ! Cependant, le soldat italien a triomphé, sans jamais céder un instant, de la terrible épreuve de trois longs hivers.

L'attaque aux têtes-de-pont de Gorizia et sur le Carso.

C'est pourquoi, lorsque, le 4 août, les troupes marchèrent à l'assaut de la cote 85, à l'est de Monfalcone, pour s'assurer cette position d'aile et détourner l'attention de l'ennemi de la principale direction de l'attaque, l'ennemi crut que c'était une opération locale, sans aucune suite. Bien plus, comme les nôtres, après avoir bondi dans les tranchées ennemies, avaient été frappés par des bombes de gaz asphyxiants qui y avaient été laissées, le Commandement autrichien eut l'illusion de pouvoir se glorifier d'un succès, qui aurait supprimé tout désir de nouvelles opérations. Au contraire, deux jours après, le 6 août, toute notre artillerie ouvrit un feu destructeur extraordinaire sur les défenses ennemies, sur les commandements, sur les liens entre les différentes lignes et sur les communications de l'arrière, atteignant ces dernières au moyen des canons à longue portée. Parmi les batteries, une nouvelle arme pour la destruction des défenses voisines se révéla brusquement à l'ennemi, qui comptait arrêter l'attaque de l'infanterie au moyen de plusieurs rangées de réseaux de fils de fer barbelés et de mitrailleuses dissimulées. La nouvelle arme, que les techniciens avaient préparée, c'était la bombarde. Les terribles et énormes projectiles sortaient pesamment des bouches à feu, dissimulées dans les tranchées, et tombaient lourdement, après une haute parabole, sur les défenses ennemies qu'ils rasaient. Façonnés avec une apparente grossièreté d'artillerie du moyen âge, ils étaient entendus pendant la trajectoire, vus presque de l'ennemi, qui en attendait l'explosion avec terreur.

On connaît les dates de l'action victorieuse, qui prend le nom de la ville italienne de Gorizia, titre usurpé de l'empire des Habsbourgs.

Le 6, à seize heures, l'artillerie allongeait le tir et les colonnes d'infanterie s'élançaient à l'attaque. Le pilastre fondamental de la tête de pont servant à la défense de Gorizia, le Sabotino, qui, sur la rive droite occupe le coude de l'Isonzo en face de Tarnova, était enlevé d'assaut en moins d'une heure, juste le temps nécessaire pour donner l'escalade à ses croupes insidieuses, où l'ennemi demeurait prisonnier dans

Une vision dantesque! Sur le plateau de Asiago, en longue file indienne, revêtus d'une pittoresque blouse blanche qui devra les cacher à l'œil vigilant de l'ennemi, en les confondant avec la blancheur des neiges, nos soldats gagnent les postes qui leur ont été assignés. Et ils s'en vont, par mille chemins, les fantômes blancs, à leur poste de gloire et de mort....

ses profondes cavernes. On attaquait avec le même élan les lignes ennemies qui unissaient le Sabotino à l'autre pilastre de la tête de pont, au Podgora, et même au delà du Podgora. Les noms de longs, épuisants, sanglants combats de 1915 reparaissaient : Oslavia, Peuma, le Calvario, quelques-uns, comme ce dernier, terriblement symboliques. Mais ils reparaissaient pour être enfin les noms de la victoire, qui ne pouvait plus être arrêtée. Toutes les nombreuses forces disponibles furent engagées par l'ennemi en contre-attaques violentes qui ne réussirent point, même lorsqu'elles étaient effectuées par des masses supérieures en nombre, comme sur le Podgora. Ce fut en vain que le général Boroevitch, commandant les armées de l'Isonzo, adressa, le soir du 6, un appel désespéré à ses troupes, leur rappelant qu'elles disposaient de positions imprenables, capables de punir par le carnage l'ennemi qui oserait les attaquer.

Dans la même journée, un autre boulevard, nœud de la défense méridionale de Gorizia et de celle du Carso, le mont San Michele, sur la gauche de l'Isonzo, entre Gradisca et Gorizia, était victorieusement attaqué par les troupes de la troisième armée, et nos milliers de morts étaient vengés. 3000 prisonniers, pris dans une zone restreinte, fortifiée par des défenses de campagne exemplaires, furent conduits aux postes de concentration, dans cette journée.

Le 7 et le 8, la bataille continua, avec impétuosité, à travers le terrain insidieux, où une mitrailleuse bien dissimulée pouvait arrêter l'avance. Mais la résistance ennemie fut vaincue, et, le soir du 8, des groupes de la brigade Casale passèrent l'Isonzo à gué. Le 9, nos troupes entraient à Gorizia; le 10, elles occupaient les pentes occidentales des hauteurs à l'est de la ville.

Dans les mêmes jours, la conquête disputée du San Michele était effectuée, et, le 10, par un vigoureux assaut, tout le premier bastion du Carso, pénétrant comme un coin entre Gradisca et Monfalcone, était conquis sur une profondeur maximum de 5 kilomètres. Les troupes atteignaient le Vallone, qui sillonne profondément le Carso avec une allure presque normale du nord au sud; mais elles ne s'y arrêtaient pas, bien qu'elles fussent forcées à une nouvelle escalade. En effet, le 12, le Vallone était franchi; on occupait la position dominante du Nad Logem, on prenait Oppacchiasella, et la conquête,

Qui chantera les exploits des « Mitrailleurs de la Reine »? Au commencement de la guerre, la mitrailleuse était un complément de l'armement; aujourd'hui, les mitrailleurs forment une des puissantes unités de l'armée, et portent, fiers et superbes, le nom de la « Reine », comme les bombardiers portent celui du « Roi ».

dans les jours suivants, se consolidait et s'étendait jusqu'à la pente méridionale du Carso. 19.000 prisonniers environ, avec 30 canons et une grande quantité de matériel de guerre avaient été laissés par les Autrichiens dans leur défaite et dans leur retraite. C'était la victoire.

Une opération de premier ordre.

Dans trois jours seulement, la principale place forte sur le front de l'Isonzo était tombée, et le premier bastion du Carso, en forme de coin, entre Gradisca et Monfalcone, était conquis. Une manœuvre parfaite; une concentration de feu, si minutieusement préparée et si précise dans son tir qu'elle pouvait obtenir son résultat destructeur en un peu plus de huit heures de bombardement; un élan assuré de l'infanterie sur un terrain où l'embûche défensive demeure toujours, ce qui oblige à la découvrir et à la détruire : voilà les caractéristiques fondamentales de cette opération.

Parmi toutes les opérations qui ont été tentées par les armées de l'Entente contre les Empires du Centre, elle occupe une des premières places, soit pour la conception, soit pour la préparation, soit pour les résultats obtenus qui signifient une solide possession de territoire ennemi. Effectuée au meilleur moment de la saison de guerre de 1916, elle renversait la situation que l'Autriche avait cru pouvoir déterminer par son « expédition-châtiment », et portait à l'actif de l'Italie et de l'Entente un effort victorieux qui ramenait dans nos mains l'initiative des opérations et engageait à notre front, avec une vigueur renouvelée, les meilleures forces d'un Empire de 51 millions d'habitants, dont la plus grande organisation était précisément l'armée, forte d'une séculaire tradition militaire.

L'appareil de guerre avait été construit avec une énergie soudaine, mais solide; la Nation, volontairement entrée dans une grande épreuve historique qui ne tolérait ni attente ni délais, s'était créé une armée capable de vaincre, et le bon esprit de race du peuple italien, même dans la lourdeur opaque de la guerre moderne, trouvait son simple héros représentatif : Enrico Toti. Cet italien, issu du peuple, après avoir

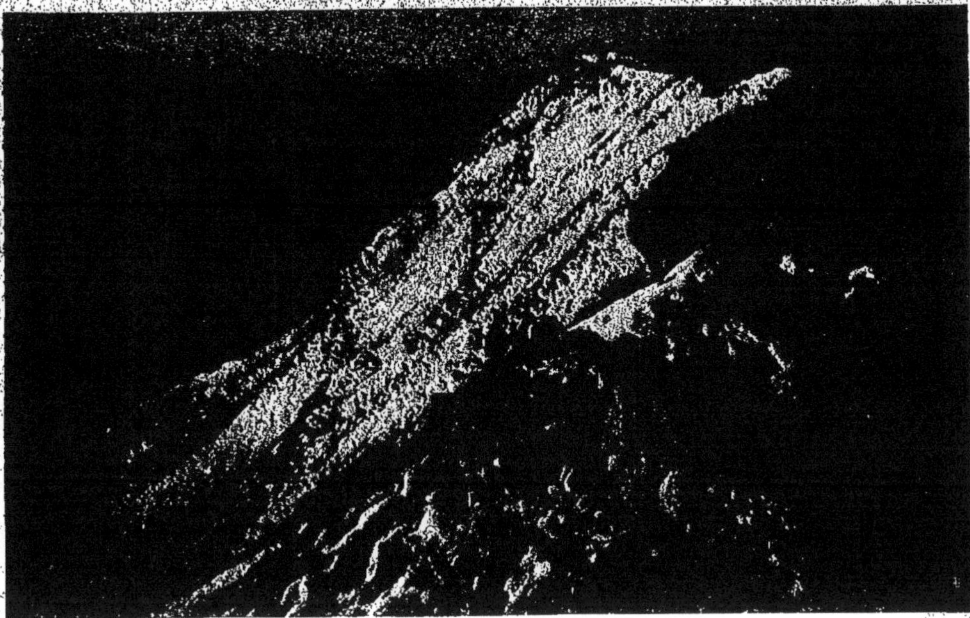

• Disséminée par milliers sur tout le front, cachée sur les dents les plus pointues des monts, dissimulée de mille façons ingénieuses, nichée dans des endroits qu'il semblerait une folie de vouloir atteindre, animée par des cœurs ardents, l'arme terrible égrène ses coups meurtriers sur l'ennemi.

Ces deux photographies représentent deux cachettes caractéristiques.

couru par le monde, avait enfin trouvé sa tâche, lorsque la guerre eut éclaté. Bien qu'il lui manquât une jambe, il avait réussi à se faire accepter comme soldat dans les bersagliers. Il était passé avec obstination jusqu'aux combattants de première ligne, exaltant, parmi ses camarades, la cause sainte de la guerre; le jour de la grande attaque, il alla à l'assaut et fut gravement blessé; avant de mourir, sentant enfin la joie profonde de la victoire, il avait, comme dernière injure, lancé sa béquille à l'ennemi.

Ainsi, le peuple italien répondait au furieux mépris de l'ennemi, qui, battu une deuxième fois, envoyait ses avions bombarder les villes, détruisant à Venise l'antique église de S. Maria Formosa et celle de S. Pietro di Castello, et condamnait à la pendaison les trentins Filzi et Chiesa et l'istrien Sauro, combattants et martyrs d'une cause qui n'est pas seulement italienne, s'ils ont affronté la mort pour affirmer le droit des peuples à être eux-mêmes et à ne pas se soumettre à l'oppression étrangère.

Un canon caché : un officier reçoit d'un observatoire les indications téléphoniques de tir. De vastes espaces de montagne réunissent ainsi d'invisibles groupes de vingt, trente, cinquante pièces d'artillerie.

La guerre d'outre-mer et les trois offensives du Carso.

La déclaration de guerre à l'Allemagne.

Mais l'armée italienne donnait, au mois d'août, une autre preuve de la plénitude de son organisation et de sa capacité guerrière. Le 2 août, le Commandement des troupes italiennes en Albanie procédait à l'occupation de la côte au sud de Valona et préparait l'occupation de l'Albanie méridionale, pour s'unir à l'armée d'Orient. Le 23 du même mois, un solide et fort contingent de troupes italiennes, composé de régiments déjà vétérans de notre front, débarquait à Salonique.

Ainsi, l'effort d'outre-mer prenait des proportions importantes, et, le 27 août, la déclaration de guerre à l'Allemagne sanctionnait, par un acte qui n'avait désormais qu'une valeur politique, la pleine solidarité militaire que l'Italie avait donnée à ses Alliés, dès le premier jour de son intervention.

En effet, depuis 1915, l'Autriche, qui, après la déclaration de guerre de l'Italie, n'avait pas réussi à obtenir, de la part de l'Allemagne, la déclaration de guerre à l'Italie à laquelle elle était obligée par le traité d'alliance, avait toutefois obtenu que des contingents de troupes bavaroises de montagne participassent aux opérations sur le front du Trentin et du Cadore. Elle n'avait pu obtenir davantage pour les raisons militaires qui, aujourd'hui encore, ont fait prendre à l'Allemagne le poids de tout le front occidental, contre la France et l'Angleterre, en laissant à l'Autriche la tâche de combattre au front italien. Si donc l'Allemagne n'avait pas crû respecter l'alliance, en déclarant la guerre à l'Italie, l'état de guerre existait toutefois entre l'Allemagne et l'Italie, dont l'adhésion complète au Pacte de Londres constituait l'acte définitif de la participation à l'Entente.

Mais comme l'Allemagne avait ouvertement violé les pactes sur un accord qui avait été

La dure vie de souffrances courageusement supportée par le soldat italien. Pendant le long hiver, les tranchées se couvrent de neige, la température baisse d'une manière incroyable et la vigilance énervante contre la congélation est un martyre.

fait pour sauvegarder quelques droits réciproques, précisément en prévision de l'état de guerre, l'Italie, après avoir fermement dénoncé en juillet les violations allemandes, crut de son devoir d'en venir pour cela à la déclaration de guerre.

L'initiative des opérations.

Les opérations qui, après la prise de Gorizia, furent effectuées dans la zone de Fiera di Primiero, sur le massif de Cima de Cece, sur la Tofana, sur le Monte Cristallo et sur tout le front, repoussant les contre-attaques et les vaines diversions de l'ennemi, lui prenant des prisonniers et du butin, prouvèrent une fois de plus la supériorité que les Italiens avaient obtenue.

Un nouveau facteur de guerre intervenait à ce moment : la Roumanie. Cette dernière aurait pu et dû être un facteur décisif sur le front oriental. Mais, malheureusement, après les premiers succès, des erreurs dont, aujourd'hui encore, il n'est pas possible d'indiquer toutes les origines et de préciser toutes les responsabilités, donnèrent aux Empires du Centre le moyen de répéter une deuxième campagne balkanique, cette fois contre la Roumanie. Même dans cette campagne, l'Autriche dut subordonner sa participation militaire au Commandement allemand, qui choisit Falkenhayn et Mackensen pour diriger les troupes allemandes, autrichiennes, bulgares et turques.

L'Italie, dans l'impossibilité, comme la France et l'Angleterre, de donner une collaboration directe, développa la plus grande action possible pour engager les forces autrichiennes dans de sanglantes batailles, que désormais la presse viennoise avouait être les plus terribles pour l'armée de la Monarchie.

Les opérations de montagne ne cessèrent point, bien que, dès le mois de septembre, la saison s'annonçât plus que jamais dure et rigoureuse. On combattit au nord du Pasubio pour la conquête des positions situées contre ce boulevard, qui garde ce qu'on peut appeler une porte d'entrée en Italie. On combattit entre la Val di Fassa et la Val di Fiemme, pour affermir les conquêtes constituant une menace sur le flanc et sur l'arrière de Trente. Ces opérations de haute montagne, conduites avec une habileté exceptionnelle par des soldats issus d'un peuple considéré comme l'un des moins spor-

Voilà de magnifiques tranchées du Carso. Les unes, creusées à la surface broyée du calcaire crevassé qui en forme la superficie, consolidée par des murs cimentés. Elles ne forment que la défense extérieure du terrain. Mais, au bas de la photographie, on voit une poutre de ciment, avec une ouverture au dessous.

tifs du monde, réussirent pleinement et forcèrent l'ennemi à la défense, même dans la zone où il avait porté son plus grand effort. Mais, sur le front de l'Isonzo, de plus vastes actions se suivirent vaillamment. Maître désormais de l'initiative d'attaque, le Commandement italien, triomphant des difficultés de violentes intempéries, conduisit, à un court intervalle, trois actions offensives à l'est de Gorizia et sur le Carso, en septembre, en octobre, en novembre. Chaque fois, l'élan se faisait plus tenace et plus obstiné contre l'ennemi qui, subissant de très graves pertes, opposait, après la défaite d'août, une résistance désespérée, confiée à des troupes nombreuses et renouvelées par des divisions retirées du front oriental. L'ennemi défendait la route de Trieste et de Lubiana, et les Italiens attaquaient.

En octobre, on obtint des résultats plus considérables qu'en septembre; en novembre, plus considérables qu'en octobre. L'impétuosité des vaillantes troupes de la 3ème armée eut raison de toute défense, et, sur le Carso, au delà du Vallone et le long de la ligne du Vipacco, on conquit un fort saillant qui, du Nad Logem, arrivait jusqu'au Dosso Faiti, sur une profondeur de quatre kilomètres environ, et pénétrait dans le vif de la résistance ennemie. Ce furent trois batailles sanglantes, dans lesquelles les Autrichiens laissèrent environ 22.000 prisonniers et une grande quantité de matériel. Ce chiffre peut faire apprécier les pertes considérables subies par l'ennemi, dont les troupes avaient l'ordre de résister à tout prix, jusqu'au dernier homme. Aucune trêve n'avait été accordée, juste au moment où la campagne balkanique tournait en faveur de la coalition allemande, bulgare et turque, contre la petite nation latine.

Cependant, en octobre, le commandement des troupes de Valona menait à bonne fin l'occupation de l'Albanie méridionale, dont la population, divisée par des luttes religieuses, harcelée par le fer et par le feu par des bandes grecques, trouvait enfin le repos dans la bienfaisante occupation italienne, qui portait des vivres, les principes de justice, et qui allait faire des routes, des travaux d'assainissement public.

Dans le même temps avait lieu la jonction avec l'Armée d'Orient, qui, délivrée de la menace toujours ouverte à son flanc gauche, allait trouver, à travers l'Adriatique, une route plus courte pour l'approvisionnement, moins

La même poutre est représentée sur cette photographie. Elle donne accès à des cavernes creusées par des mineurs, au moyen des perforatrices : là, les soldats se reposent et sont à l'abri, pour en sortir lorsque, entre deux rafales de bombardements, il faut le feu de la fusillade ou l'élan de la vague d'assaut.

exposée aux pièges des sous-marins que la route, plus longue, de la mer Egée.

En Macédoine, les troupes italiennes, après avoir accompli avec honneur leur propre tâche dans un important et rude secteur, entrèrent décidément en action, pendant la phase offensive, avec des unités choisies, et furent parmi les principaux facteurs de l'opération qui aboutit à la prise de Monastir. Ainsi, les Italiens versaient leur sang pour la première revendication de la Serbie dont les troupes étaient à leurs côtés. C'était une nouvelle preuve, après la protection et le transport de l'armée serbe à travers l'Adriatique, de la sincère solidarité italienne pour la petite Nation opprimée, qu'aucune embûche maligne ne pourra jamais offusquer.

L'année 1916 finissait, et l'Italie, ferme, avec les autres Puissances de l'Entente, dans le dessein de continuer la guerre jusqu'à la victoire, se préparait à son deuxième hiver.

La vue d'un « 305 » ou d'un « 280 » hissé aux plus grandes hauteurs peut même laisser froid et indifférent l'observateur qui n'aurait pas l'esprit et le cœur ouverts aux sensations des choses grandioses. Mais ces deux vues photographiques sont faites pour exciter même dans ces esprits et dans ces cœurs la plus profonde admiration.

L'effort logistique pour la victoire sur l'ennemi et sur la nature.

Un hiver terrible.

La deuxième campagne d'hiver ne pouvait pas, ne devait pas être une répétition de la première. Il fallait un effort encore plus considérable que le précédent, qui avait été fait par l'armée victorieuse de Gorizia. Il fallait, non seulement vaincre les rigueurs et les violences d'un hiver qui s'était déjà annoncé très dur; non seulement maintenir solidement les positions conquises; mais encore continuer, sans affaiblir un seul instant la longue ligne du Stelvio à la mer ainsi que nos corps d'occupation d'outre-mer, l'œuvre d'organisation et d'augmentation des unités de l'armée. Ce qui avait été fait ne suffisait point; il fallait faire davantage, car il était désormais évident que le plus grand effort de l'armée austro-hongroise s'était concentré au front italien, et que, par suite, de nouvelles forces étaient nécessaires pour maintenir décidément la guerre sur le territoire ennemi et répondre au dessein commun de résister, encore une fois solennellement affirmé par l'Entente, par le refus de l'insidieuse proposition de paix allemande.

Avec cette décision de se surpasser elle-même, l'Italie fut heureuse de pouvoir, en janvier, réunir à Rome, dans sa capitale d'antique civilisation, la conférence d'où sortit la réponse sereine des Puissances alliées au Président Wilson, indiquant les conditions d'une paix dans le monde, et qui, trois mois après, recevait sa plus grande sanction du même Président Wilson déclarant la guerre à l'Allemagne.

L'expérience de la campagne d'hiver précédente dut être surpassée, car l'hiver de 1916-1917 fut cruel. Dans la zone montagneuse, c'est-à-dire sur la plus grande partie du front, la tempête fit rage; les journées de violentes chutes de neige se suivirent sans trêve, à tel point que la hauteur du manteau de neige at-

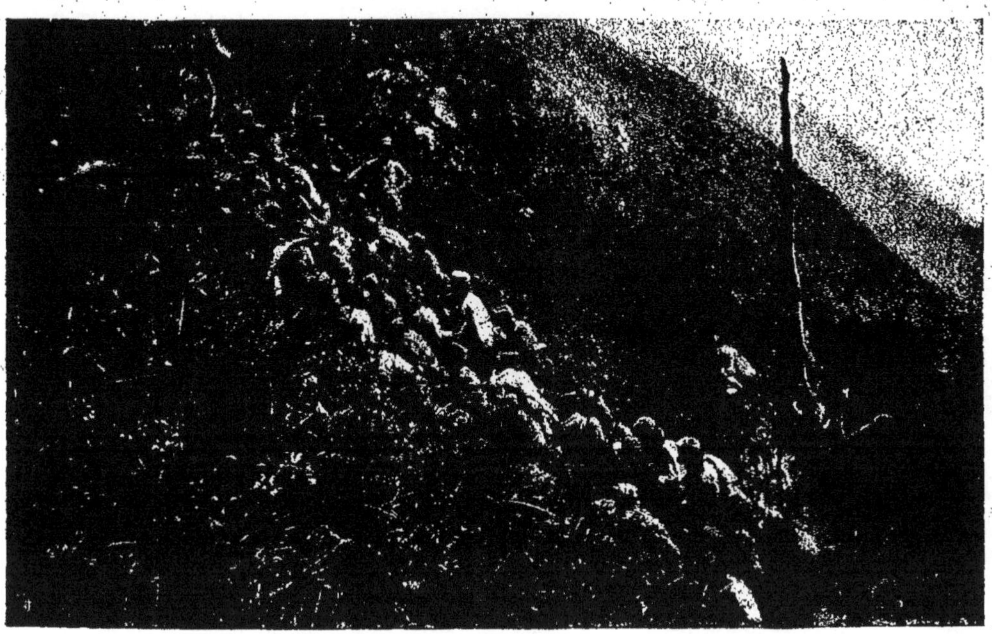

Volonté solidaire et foi inébranlable des centaines d'hommes, des centaines et des centaines de bras tendus dans un effort suprême, faisceaux de muscles mus par une énergie surhumaine, mains tremblantes, pieds martyrisés : voilà les facteurs de la victoire contre la montagne ! Et c'est pour célébrer cette victoire que le colosse indomptable mugit contre l'ennemi !

teignit presque partout cinq mètres, souvent en dépassa 50. La température, qui s'était toujours maintenue très basse, descendit, dans le zones les plus élevées, jusqu'à 28 degrés au-dessous de zéro. Mais ce qui domina cet hiver rigoureux, ce fut l'avalanche. Ordinairement, la formation des avalanches se détermine en mars et en avril; par contre, dans le deuxième hiver, on eut des avalanches furieuses et ruineuses dès le mois d'octobre, des avalanches inattendues, recherchant des chemins peu connus, entraînant tout et faisant un grand nombre de victimes. Quelques journées furent tristement mémorables, comme le 13 décembre, où l'on compta 105 avalanches, c'est-à-dire le quart de toutes celles qui avaient été comptées dans tout l'hiver précédent; une seule avalanche, dans la zone de Cima Cece, mit en mouvement plus de deux millions de mètres cubes de neige, et une autre, au-dessous de la Tofana, non moins de six millions. Le 10 et le 16 janvier, cette violence se répéta. Heureusement, des études accomplies permirent d'établir une corrélation entre une situation isobarique spéciale dans l'Europe occidentale et méridionale et ces violentes offensives météorologiques; il fut ainsi établi un service d'avertissements très urgents aux troupes, pour les mettre en état de faire face au danger ou de s'y soustraire, de telle sorte qu'au printemps il fut possible de diminuer les ravages et le nombre des victimes. Toutefois, ces derniers avaient été graves, et le travail fut aussi très dur pendant tout l'hiver, pour vivre et résister dans des zones qui disparaissaient tout à coup, remplies de ces énormes masses de neige, qui détruisaient et emportaient tout sur leur passage.

La lutte fut continuelle entre la violence de la nature et la patience et l'expérience des hommes. Ce que la neige, tombée avec abondance pendant des heures et des journées, cherchait à recouvrir était dégagé, et, lorsqu'il n'était pas possible de le dégager, on le refaisait. L'ouvrage commençait à la première ligne, où la tranchée était un profond sillon dans la neige, protégé par des réseaux de fils de fer et par des lignes de chevaux de frise qui étaient jetés sur le nouveau sol, dès que la neige était tombée.

Il se développait d'une façon continue à la deuxième ligne, aux abris découverts ou reconstruits, aux baraquements, aux cheminements qui étaient de longues galeries ouvertes dans la neige et dans le glace, à tous les services de

Les difficultés que présente, seul entre tous, le front italien : un escalier qui conduit à un poste caché de mitrailleuses ; un transporteur aérien qui passe au-dessus de précipices et surmonte des rochers épouvantables. Cependant, les soldats italiens ont construit ces marches, ont tendu ces câbles.

l'arrière, où jamais, jamais la vie ne devait cesser ou se relâcher.

Sur le Carso, fouetté par les pluies, engourdi par la « bora » — le vent froid, cinglant et impétueux qui vient du nord pour s'engager dans la voie ouverte de l'Adriatique — la patience et la résistance étaient contraintes à une lutte non moins continuelle, peut-être plus dure encore que sur la montagne. Les nouvelles positions conquises pendant l'année devaient être défendues au moyen de tranchées que le sol pierreux du Carso empêchait de creuser profondément, et la deuxième ligne se présentait toujours de formation difficile, à cause de l'aridité et de la nudité du terrain, entièrement exposé à la vue et au tir de l'ennemi, et qui ne permettait quelque protection que dans les grands trous appelés *doline*, dans les parois desquels on pouvait creuser des abris. Dans ces conditions, la plus sûre défense était confiée aux troupes, toujours vigilantes, qui, sur le Carso, demeuraient fermes à leur poste, mouillées dans les flaques d'eau froide, tandis que les autres de la zone montagneuse combattaient contre la neige, contre la tourmente, contre le brouillard, sans jamais avoir le réconfort d'une journée de soleil. Et, derrière la première ligne, d'autres troupes étaient obligées de livrer à un travail intense, sans repos, qui consistait à faire et à refaire. L'usure normale, continuelle, d'une armée engagée dans cet ouvrage devait être et fut très grave. Ce fut l'usure systématique du jour au jour, mais qui, dans son total, comprenant les malades, a donné une moyenne mensuelle de plusieurs dizaines de milliers d'hommes, et a, par conséquent, mis le terrible hiver sur le même pied qu'une grande offensive.

L'ennemi tenta avec une intensité acharnée, principalement en février, de nous déloger des positions à l'est de Gorizia; mais notre résistance fut tenace : on lui répondit par des attaques sur le Carso et par d'heureuses opérations de haute montagne à Costabella, dans la zone du Monte Marmolada.

Nos nouvelles positions conquises en 1916, bien que difficiles à maintenir, ne furent pas même entamées, et, derrière la première ligne, courant depuis les plus hautes cimes jusqu'aux marais de la zone au sud de Monfalcone, une formidable activité se développa avec assurance.

Ce qu'il faut pour faire vivre une armée.

Ce serait incroyable, si les témoignages photographiques n'étaient pas incontestables ! Les Italiens ont passé des hivers sur ces sommets ! La violence des intempéries y atteint une mesure inouïe, la vie devient un martyre : seule, l'ardeur de la foi l'entretient et la fait triompher.

En indiquant les différentes tâches qui résument toutes les expériences et toutes les nécessités de la vaste guerre entreprise par l'Italie, on explique le vigoureux effort logistique accompli pendant les deux années de guerre environ que l'armée italienne comptait dans ce dernier hiver. Plus de 3.000 kilomètres de tranchées, depuis les plus simples jusqu'aux plus complexes, depuis la tranchée composée d'un parapet et d'un fossé jusqu'à la tranchée faite en ciment armé, les premiers abris, les vastes baraquements, dont plus de 10 mille furent construits dans ce derner hiver, assez grands pour recevoir plus d'un demi-million d'hommes, voilà toute une œuvre de construction impossible à exécuter sans apporter dans la zone des opérations, non seulement l'énorme quantité de matériel nécessaires, mais encore l'installation de scieries, de fournaises, des fabriques de ciment, des ateliers et des usines de différents genres. La production du bois de construction dans la zone de guerre fut portée à 400.000 mètres cubes, dont plus de 300.000 mètres cubes furent absorbés pendant l'hiver, avec 20.000 tonnes de matériel métallique. Ainsi, un million de soldats pouvaient, à tour de rôle, se reposer sur de petits lits en fer ou en bois, dans des locaux tapissés de nattes, de carton, de feutre, de plaques d'*eternit*, qui recouvraient une superficie de six millions de mètres carrés, et chauffés par 20.000 poêles. 150.000 tonnes de ciment avaient été absorbées jusqu'alors, ainsi que des dizaines et des dizaines de millions de sacs, des dizaines et des dizaines de milliers de tonnes d'épieux de fer et de fils de fer barbelés, des milliers de tonnes de matériel métallique pour les blindages. Pour attaquer la roche et pour la détruire, sinon pour la dompter, au moyen des mines, on employa une quantité d'explosifs suffisante pour démolir dix millions de mètres cubes de pierre dure. La mine du Castelletto engloutit à elle seule trente-cinq tonnes d'explosifs.

L'alimentation de la masse de soldats, qui était devenue toujours plus nombreuse, fut augmentée en hiver, pour mieux résister au froid et aux fatigues. Outre le riz, les pâtes, la viande, le vin, le café, on donna du rhum, du marsala, du thé; la chaleur fut amenée partout, afin que la soupe fût chaude et restauratrice.

Il n'y a pas de merveille plus grande, sur les rudes Alpes italiennes, que celle des efforts stupéfiants faits pour atteindre des points inaccessibles et y établir des observatoires qui paraissent tout à fait invraisemblables. Par des sentiers pratiqués avec peine dans le rocher, on arrive, après des va-et-vient infinis, au pied d'un pic.

Les dépôts furent portés, au moyen de fourgons automobiles, à l'extrémité des routes carrossables, d'où les vivres étaient portés aux troupes de première ligne au moyen de chariots, de traîneaux, d'hommes et de quadrupèdes. Là où il était nécessaire de se garantir contre les longues interruptions dans le ravitaillement, on créa des dépôts d'hiver avec de larges provisions de rations, comme dans les étapes d'un voyage polaire. Afin que rien ne manquât jamais, on avait dû organiser un mécanisme, simple mais parfait, pour ramasser et distribuer; mais on avait dû aussi surmonter des difficultés absolument imprévues, afin de pouvoir, par de larges acquisitions faites même dans des villages éloignés, à l'énorme quantité de victuailles. Il suffit de considérer que la consommation de viande de bœuf de l'armée, pendant un an, équivaut à la consommation de viande de toute l'Italie avant la guerre; que la consommation de blé dans une journée, y compris celle des pâtes, a atteint 17.000 quintaux. Dans une première période, on a abattu 3.000 têtes de bétail par jour; puis, grâce à d'heureuses substitutions dans la nourriture, on a réduit l'abatage d'un tiers : alors chaque jour, les boucheries de la zone des opérations doivent engloutir une colonne de couples de bœufs qui aurait une longueur de cinq kilomètres. Le travail ininterrompu de vingt-quatre heures de mille grands fours est nécessaire pour la panification des 15.000 quintaux journaliers destinés aux troupes qui, dans une même journée, ne consomment pas moins de 3.000 quintaux de pâtes et de riz, 1.000 quintaux de fromage, 1.500 quintaux de pommes de terre.

Dans une première phase de la campagne, il manquait, à côté de cette consommation dévorante, une organisation pour la récupération de ce qui pouvait encore être utilisé pour l'armée. En ce moment, toutes les peaux des bœufs abattus sont ramassées, salées et revendues aux fournisseurs de l'armée. La graisse de bœuf est soumise à un traitement pour l'extraction de la glycérine, qui est aussi extraite des cadavres de tous les quadrupèdes qui meurent à la suite de maladies ou de blessures, et qui sont ramassés et préparés. 20.000 quintaux de bois sont consommés chaque jour pour la fabrication du pain, pour la cuisson de la soupe, pour le chauffage, et 6.000 quintaux de paille pour le gîte des hommes et des quadrupèdes.

Le tabac, considéré presque comme un complément de l'alimentation, fut toujours largement distribué. A la fin de 1916, les troupes avaient reçu plus de cinq millions de kilogrammes de cigares, de cigarettes et de tabac pour la pipe, avec des centaines de milliers de pipes, pour une valeur de plus de 160 millions de lires.

Comme dans l'hiver précédent et plus encore, il fallut plusieurs millions de séries de vêtements d'hiver, à ajouter à l'habillement et à l'équipement normal, qui avaient déjà donné jusqu'alors un mouvement de 65 millions de kilogrammes, dont non moins de 3 millions de vestons, 3 millions de képis, 8 millions de paires de chaussures, 15 millions de chemises de coton, pour une valeur mensuelle non inférieure à 100 millions de lires.

Dans cet approvisionnement, aussitôt après la première phase de la campagne, on organisa aussi la récupération et la réparation des objets de vestiaire, dans des établissements spéciaux où ils sont lavés, désinfectés, raccommodés. Une seule intendance d'armée put ainsi distribuer de nouveau 4 millions d'effets de coton et 400.000 paires de chaussures.

Sur le pic, des escaliers en bois, fixés sur des supports enfoncés dans les crevasses, arrivent encore plus haut, triomphant de parois verticales, accrochés dans les anfractuosités à la plus petite saillie. Il faut, à cette hauteur désolée, l'héroïsme le plus difficile : celui de la patience. Les officiers, observateurs italiens en donnent d'éclatants et constants exemples !

Les routes, les ponts, les canaux, les chemins de fer, les fourgons automobiles, les transporteurs aériens.

La base de cet immense ravitaillement, c'est la voie de communication. L'armée italienne a dû accomplir un travail colossal, parce que la route a été nécessaire jusqu'au sommet des montagnes. L'homme peut à lui seul vaincre la montagne pour la traverser; mais pour que l'homme puisse vaincre la montagne pour y rester par dizaines, par centaines de milliers, avec des machines et avec des quadrupèdes, il faut que la route le suive, l'accompagne, franchisse avec

L'un des points les plus caractéristiques du front, c'était la gorge de Podestagno, près de Cortina d'Ampezzo, véritable grotte effrayante par des précipices, par des eaux qui tombent de haut ou qui coulent dans le fond.

levées, en la défendant contre les éboulements et contre les avalanches. A la fin de 1916, 1.000 nouveaux kilomètres de routes avaient été construits, sans compter toutes celles que chaque groupe de fusiliers, d'alpins, d'artilleurs, avait faites pour se rattacher aux positions les plus avancées, pour porter des canons sur les plus hauts sommets. Et chaque kilomètre de nouvelle construction augmentait cet autre travail, plus considérable, qui était et qui est l'entretien des routes, pour lequel, outre les bras des soldats, qui manient également le fusil, la pioche et la bêche, il faut chaque mois 20.000 ouvriers et non moins de 150.000 mètres cubes de gravier, avec des milliers de chars et de charrettes, avec des rouleaux, des charstonneaux d'arrosage, des balayeuses mécaniques. L'ennemie de la route, la neige, fut combattue heure par heure, jour par jour. Là où le déblayement n'était pas possible, on laissait une couche pour les traîneaux. Là où cela n'était pas même possible, on avait recours aux galeries couvertes, précédemment préparées au moyen de robustes charpentes et d'appentis, ou bien on creusait décidément de nouvelles galeries dans la neige même, d'une hauteur de deux mètres. Ces galeries ont couru par tout le front sur une longueur de plusieurs centaines de kilomètres.

lui la pente la plus raide, forme un passage là où il y a un précipice. C'est ce qu'ont dû faire et c'est ce qu'ont fait les Italiens. Les cinq mille kilomètres du réseau de routes qui se trouvaient dans la zone de guerre ne suffisaient point. On élargit, on ordonna, on nivela les routes existantes, pour les faire parcourir par les longues colonnes de fourgons automobiles, par les lourdes machines qui transportent des poids énormes; mais elles ne suffisaient pas. Là où la route finissait, parce que la vie y finissait aussi ou presque, en temps de paix, il fallait la reprendre et la faire monter, en la creusant de travers dans le roc, en la soutenant par des

Ainsi, même pendant l'hiver, le mouvement colossal, caché à la vue de l'ennemi par de hauts murs de nattes qui s'élèvent le long des routes ou dans les espaces découverts, n'a jamais cessé un instant, régulier, obstiné, ordonné, silencieux, offrant un spectacle caractéristique qui donne à la zone de l'arrière italienne une singularité typique de calme intelligent et résistant.

1.000 nouveaux ponts, pour une longueur de 3 kilomètres environ, et 300 ponts levants, sans compter les ponts de bateaux jetés par les pontonniers ainsi que les ponts de bois et sur pilotis, se sont ajoutés aux nouvelles routes. Grâce à des travaux imposants, qui resteront comme un témoignage solennel de tout l'effort de civilisation que la guerre italienne a toujours voulu se proposer, on construisit des canaux pour compléter et développer la navigation fluviale entre le Pô, l'Adige, le Tagliamento, les lagunes et l'Isonzo, de telle sorte qu'au mois d'octobre 1916 on put atteindre un mouvement mensuel de matériel transporté par voie d'eau qui n'était pas inférieur à 50.000 tonnes.

Là, le soldat italien est entré de force, et a créé en quelque sorte les communications; des armes et des approvisionnements passent là tous les jours. Le paysage est merveilleux: mais plus extraordinaire encore est la hardiesse de l'avoir assujetti aux lois de la guerre.

Le moyen de ravitaillement est dans le transport. Le réseau de chemins de fer de la zone de guerre dut être complété par des centaines de kilomètres de nouveaux rails de course, de raccord, de redoublement. Dans les gares déjà existantes, on multiplia les plans chargeurs et les aiguillages, et l'on construisit des centaines de nouvelles gares. L'énorme mouvement en matériel et en hommes, qui s'intensifia en hiver, pendant lequel les soldats eurent tous des permissions pour revoir leurs familles, fut soutenu avec une régularité parfaite. Dans une seule des principales gares d'étape dans le moyen Isonzo, il passa, depuis le mois d'octobre jusqu'au mois de février, 17.000 officiers, 380.000 soldats, 19.000 ouvriers civils employés dans le travaux de l'arrière, 29.000 quadrupèdes et 2.500 chariots chargés de matériel.

Sur la route qui se détache des gares de chemins de fer de débouché, c'est le fourgon-automobile qui domine. Ils marchent par milliers : pendant l'hiver, le nombre des voitures s'était déjà triplé depuis le commencement de la guerre. Toute la production sort d'usines italiennes. Peu à peu, les types ont été réduits de manière à faciliter l'approvisionnement des pièces de rechange, bien qu'on ait adapté des voitures à tous les buts d'un approvisionnement si vaste. Le mouvement peut être mesuré d'après le nombre des réparations effectuées par les nombreuses usines de la zone de guerre, car non moins de 3.400 véhicules, au moyen de haltes de 10 jours, passent tous les mois par ces usines, de telle sorte qu'on n'a ainsi que le cinq sur mille de voitures qui soient hors de service. Ces colonnes, manœuvrant avec une précision et une audace rares dans les parcours difficiles des routes de montagne, pleines de

L'observatoire est l'œil de l'artillerie. Dans la haute montagne, où l'observation aérienne est très ardue et où elle ne peut être systématique comme dans la plaine, seul l'observatoire permet de scruter avec régularité les positions de l'ennemi, d'en suivre les mouvements et de régler le tir du canon.

courbes et côtoyant des précipices, ne sont pas seulement désormais la garantie de la vie de toute l'armée, mais elles ont encore représenté un élément essentiel des manœuvres stratégiques rattachées aux principales actions de notre front.

Il y a d'autres transports mécaniques que l'armée italienne a su employer dans la zone des opérations : ce sont les chemins de fer Decauville et les transporteurs aériens. Le chemins de fer Decauville on été adaptés à la plaine et à la montagne et portés jusqu'à des positions avancées. Un réseau de 400 kilomètres fonctionnait déjà pendant l'hiver, avec un mouvement qui, dans la zone d'une seule armée, a atteint une circulation normale de 40 locomotives et de 1400 wagons et a permis, en quelques mois, le transport de 150.000 tonnes environ de matériel. Les transporteurs aériens ont été jetés hardiment pour franchir des différences de niveau rapides, des obstacles formés par des fleuves, des ravins et des précipices, afin d'assurer le ravitaillement dans les zones impénétrables et sous le feu ennemi.

Il y en a de permanents, principalement dans la haute montagne, qui atteignent même une longueur de 10 kilomètres et surmontent des obstacles gigantesques. Il y en a qui sont facilement transportables, qui suivent les troupes et ont une longueur d'un kilomètre environ. 400 installations de transporteurs aériens marchaient déjà pendant l'hiver, avec une capacité de transport de 9.000 tonnes de matériel par jour.

Le travail de l'homme, les communications télégraphiques, téléphoniques et postales ; les service de santé.

Mais les moyens mécaniques ne suffisent pas. Si, sur d'autres fronts de bataille européens, le moyen mécanique ne s'arrête que là où la prudence le conseille, c'est-à-dire presque à la ligne de combat, sur le front italien toute route audacieuse a des limites, toute traction mécanique a aussi des limites, au delà desquelles on doit ajouter la traction animale, ou même encore l'homme, le camarade qui porte la nourriture et les munitions au camarade qui veille derrière le parapet de la tranchée, et près de l'affût d'un canon. Ce sont des heures et des heures d'un chemin pénible, d'un chemin quotidien, patient et héroïque, car il est exposé à toutes les difficultés et à tous les périls. La zone de l'arrière italienne est donc insatiable d'hommes, et souvent le tour de tranchée est moins pénible pour les hommes que le tour de service, qui entraîne une plus grande absorption d'hommes et une usure plus considérable. Pour chaque régiment d'infanterie, il faut 250 mulets de transport; il en faut 200 pour un bataillon alpin; ce sont donc des dizaines et des dizaines de milliers de quadrupèdes en mouvement, et des dizaines de milliers de conducteurs, soustraits à la force des fusils. Dans la haute montagne, pour venir en aide aux hommes, on a employé les chiens de guerre, capables de traîner, en couple, un traîneau avec une charge de 70 à 80 kilogrammes.

Aucun sacrifice n'est excessif pour procurer aux batteries un bon observatoire : un pic nu et inhabitable, d'où le regard puisse pénétrer plus profondément dans les lignes ennemies, constitue souvent une conquête de premier ordre. Toute l'ingéniosité du soldat italien doit se déployer, pour adapter de fragiles abris sur le revers des rochers.

Par ces moyens et par cet effort, on assura également le service d'approvisionnement de l'eau, qui, peu abondante dans quelques zones, manque tout à fait sur le Carso et sur le Plateau d'Asiago, où elle doit être portée aux troupes comme le pain. Tous les travaux faits pour amener l'eau ainsi que les travaux d'élévation mécanique n'ont donc pas été suffisants pour l'approvisionnement des réservoirs vers les positions avancées. Il a fallu une organisation de transports qui comprend les wagons-réservoirs, les tonneaux-automobiles, d'une capacité de 1.800 litres, les tonneaux de 2.200 litres, les bidons des soldats, recouverts de feutre pour éviter d'attirer, par le bruit, l'attention de l'ennemi, les cruches poreuses de 25, 35 et 50 litres, qui conservent l'eau fraîche et peuvent être facilement transportées par des quadrupèdes ou par des hommes. Dans l'hiver de 1916, on n'avait pas moins de 100.000 cruches poreuses, 15.000 barils, 2.000 tonneaux, 300 chars-tonneaux.

Mais la vie et l'activité guerrière d'une armée moderne se rattachent à un autre élément : la facilité et la rapidité des communications télégraphiques et téléphoniques. Depuis l'obser-

Un exemple des difficultés inénarrables du front italien. Une galerie sous la neige, dans une gorge sauvage. Durant les longs hivers, les approvisionnements doivent passer dans ces lieux, exposés aux avalanches qui ensevelissent parfois des caravanes entières

vatoire le plus avancé, isolé comme une vedette en face de l'ennemi, jusqu'à la plus forte unité de Commandement, il doit y avoir un épais réseau de fils télégraphiques et téléphoniques, reliés par des stations, dominés et disciplinés par des stations centrales, qu'il faut maintenir obstinément et héroïquement contre la violence de la tempête et du feu ennemi, sans trêve, car le manque même temporaire d'un fil de rattachement peut être fatal. C'est là le réseau de guerre construit et maintenu par des groupes spéciaux, et complété par tous les fils de rattachement téléphoniques de moindre importance que les unités combattantes, particulièrement d'artillerie, organisent elles-mêmes, avec un matériel et un personnel propres. Sans compter ces derniers qui parcourent des milliers et des milliers de kilomètres, le réseau de guerre s'étendait, dans l'hiver de 1916, sur 40.000 kilomètres de lignes appuyées à 2.500 nouvelles palifications, avec plus de 100.000 kilomètres de fils, reliés par 15.000 appareils téléphoniques et plus de 2.000 appareils télégraphiques.

Derrière ce réseau de guerre se trouve le réseau télégraphique et téléphonique de toute la zone de guerre, relié au premier et confié au personnel des postes militarisé, qui a dû, depuis la mobilisation, affronter un travail énorme, grâce auquel ce réseau s'est également enrichi de nouveaux moyens et de nouveaux fils de rattachement. En décembre 1916, dans quelques provinces de la zone de guerre, le mouvement général des télégrammes seul atteignit le chiffre de 3 millions.

Une autre communication à assurer, c'est la communication, essentielle pour la résistance morale et spirituelle, entre l'Armée et la Nation. L'envoi incessant de lettres et de cartes postales qui part des dernières tranchées pour se grossir et se répandre ensuite jusqu'aux derniers villages éloignés du pays, et réciproquement, l'envoi qui part de ces villages pour aller aux tranchées, a constitué et constitue un service imposant, d'autant plus délicat que la correspondance adressée par le Pays au front ne porte pas d'autre indication que celle du groupe et de l'unité dont le combattant fait partie. Aucune indication de localité n'est permise. En faisant la distribution, on doit donc toujours tenir compte des mouvements de troupes et des nouvelles localités où elles se trouvent. Tout cela marche à présent à la per-

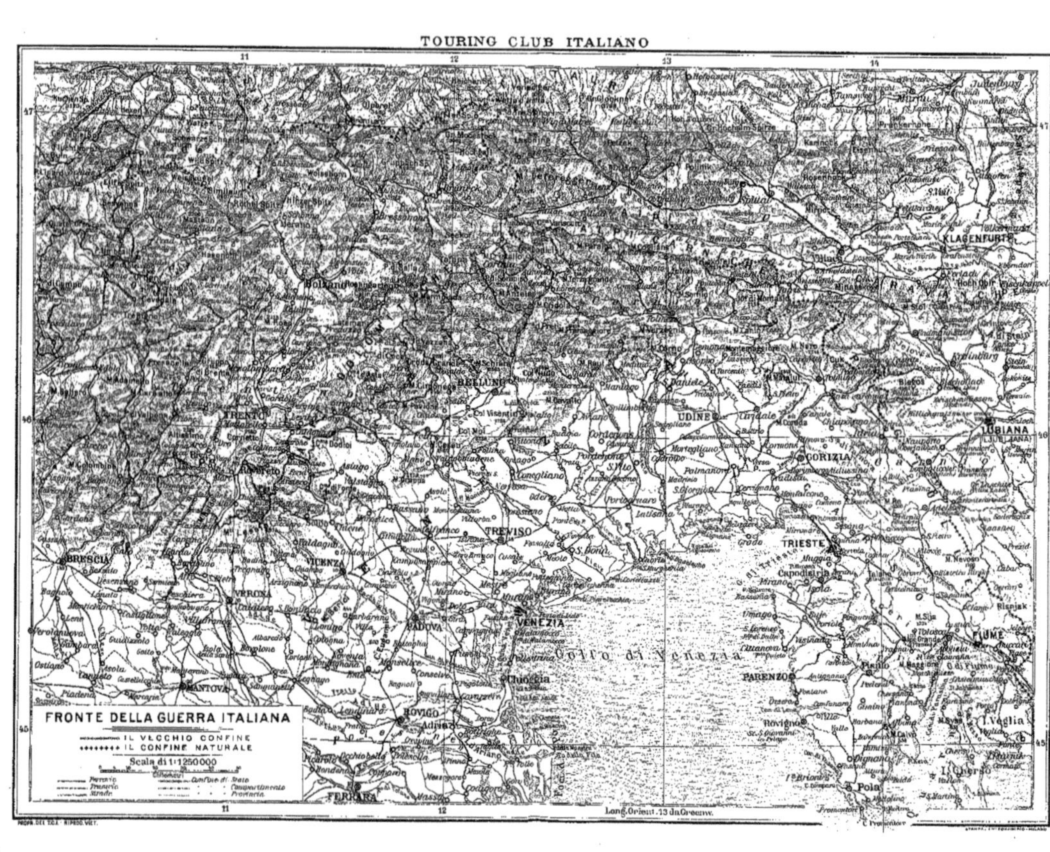
TOURING CLUB ITALIANO
FRONTE DELLA GUERRA ITALIANA
IL VECCHIO CONFINE
IL CONFINE NATURALE
Scala di 1:1250000
Chilometri
Confine di Stato
Compartimento
Provincia
Strade
BRESCIA
VERONA
MANTOVA
VICENZA
PADOVA
TREVISO
VENEZIA
Chioggia
ROVIGO
FERRARA
TRENTO
BELLUNO
UDINE
GORIZIA
TRIESTE
Capodistria
PARENZO
Rovigno
Pola
FIUME
KLAGENFURT
LUBIANA
Golfo di Venezia
Long. Orient. 13 da Greenw.
PROPR. DEL T.C.I. - RIPROD. VIET.

Une patrouille d'alpins en marche vers un poste de haute montagne par un rude sentier.

fection, d'une façon régulière, avec un mouvement qui, dans quelques mois, a atteint le chiffre colossal de trois millions pour la correspondance quotidienne du front au Pays, d'un million et demi du Pays au front, et de quelques centaines de mille entre les différentes zones du front. On a ainsi assuré une régularité de rapports entre les combattants et leurs familles, laquelle se manifeste également par un intense mouvement d'argent qui, dans les mandats expédiés entre le Pays et le front, arriva, à la fin de 1916, au chiffre total d'un demi-milliard environ. On a commencé et continué des opérations régulières de dépôts d'épargne, et on a assisté les combattants pour qu'ils puissent accomplir aussi des actes civils importants, y compris le mariage par procuration, dont on compta plus de 3.500, avant le mois de décembre 1916.

Toute cette vie complexe de millions d'hommes fut garantie par un service de santé qui s'est vu lui aussi obligé de se surpasser continuellement lui-même. Se servant de tous les moyens, surtout des moyens de transport opportunément adaptés, le soin des blessés et des malades a pu se développer méthodiquement du premier poste de pansement aux hôpitaux de camp, aux grands hôpitaux des zones de guerre et à ceux du Pays, dont la disponibilité en lits fut presque triplée, depuis le commencement de la guerre jusqu'au mois de décembre 1916. Mais si la force d'un service de santé dans la guerre se montre dans la promptitude des soins donnés aux blessés, une force égale, sinon plus considérable, se montre dans les dispositions préventives, propres à prévenir les maladies, particulièrement les maladies infectieuses qui peuvent ravager une armée et l'appauvrir. Le choléra fit quatre fois son apparition, porté par les troupes autrichiennes, en juillet et en octobre 1915, en juillet et pendant l'automne de 1916; il fut dompté aussitôt. Il en fut de même pour le typhus. La morbidité, dans quelques corps d'armée, descendit au 1.5 de la force, et la lutte contre la congélation des extrémités, pendant le deuxième et terrible hiver, se maintint assidue, victorieuse.

Avec le service de santé, on organisa aussi le service vétérinaire, nécessaire non seulement pour le demi-million environ de quadrupèdes en service, mais encore pour les énormes réserves de bœufs nécessaires à l'alimentation. De même que la Croix Rouge et l'Ordre de Malte assistèrent le service de santé militaire, de même la Croix Bleue pour les animaux assista avec succès le service vétérinaire, qui a dû combattre des maladies menaçantes : la morve et la rogne.

Les constructions de ponts volants faites sous le feu ennemi sont suivies d'autres constructions plus stables. Les ponts détruits par les Autrichiens et reconstruits par les Italiens se comptent par centaines; il y en a un grand nombre d'une importance considérable : il y en a en bois, en maçonnerie, en ciment armé, en fer...

Une nouvelle armée.

L'organisation de la deuxième campagne d'hiver était cependant poussée avec un effort logistique considérable, qui avait eu, en 1915, des débuts modestes et avait dû être adapté aux nécessités d'une vaste et longue guerre, soutenue sur un front des plus difficiles. Mais le dessein de continuer fermement la guerre jusqu'à la victoire, les grands événements qui suivirent pendant les mois de février et de mars, et qui préparèrent la révolution russe ainsi que l'intervention des Etats-Unis, eurent pour effet que l'Armée italienne dut même surpasser, dans cet hiver, l'œuvre accomplie entre la fin de 1915 et le début de 1916, pour perfectionner et augmenter sa capacité guerrière. Ce fut un double ouvrage : d'instruction toujours plus intense des troupes déjà aguerries, mais que les nouvelles expériences continuelles et l'adoption de nouveaux moyens d'offensive et de défensive rendaient nécessaire lorsque les troupes étaient en repos; — de création de nouvelles unités et de nouvelles spécialités.

Pour le premier point, on institua, dans la zone de guerre, des écoles pour les officiers subalternes, qui les fréquentèrent au nombre de plus de 16.000; on institua des périodes d'instruction spéciale pour le lancement des grenades, des bombes, des liquides inflammables, des tubes explosifs, de perfectionnement spécial pour l'emploi de tous les instruments de guerre les plus délicats.

Pour le second point, on constitua, dans les zones de guerre et sur le territoire, et on exerça les nouvelles unités, avec des anciens et avec les nouvelles classes, sous la direction d'officiers choisis parmi les meilleurs et déjà éprouvés dans la lutte en commun. On prépara des milliers et des milliers de nouveaux officiers; on constitua définitivement des spécialités nouvelles, parmi lesquelles, en tout premier lieu, le corps des bombardiers, déjà fondé l'année précédente, et celui des mitrailleurs; on donna la plus vigoureuse impulsion aux écoles de pilotes pour mettre à profit tous les appareils aériens, produits désormais, nombreux et puissants, par l'industrie italienne. L'Armée se préparait ave une ténacité renouvelée au nouvel effort pour les opérations de la bonne saison, si bien que, en regardant les forces avec lesquelles elle était entrée en guerre, elle terminait cette

Sur la route de Monfalcone à Cervignano se trouve une petite bourgade, Pieris, sur les bords de l'Isonzo. Près de cette bourgade, dans les premiers jours de notre guerre, sous une pluie d'obus autrichiens, l'arme du Génie éleva le solide pont qui devait faciliter le passage de la grosse artillerie et des lourds convois à travers le fleuve perfide.

période après avoir doublé le nombre des corps d'armée, plus que doublé celui des divisions, nullement diminuées en efficacité, comme les divisions allemandes, mais au contraire accrues; après avoir organisé une puissante artillerie; après avoir créé des détachements et de nouveaux corps pour toutes les spécialités de la guerre moderne. Un long chemin avait été parcouru en moins de deux ans; très long, si l'on considère que l'armée, tenue, avant la guerre européenne, dans des limites modestes, avait épuisé ses réserves de disponibilité dans la campagne de Libye, et que, par conséquent, toute cette énorme masse peut être considérée comme une véritable création sortie du peu, comme pour l'armée anglaise. Qu'il suffise de dire qu'il a failli créer environ 150.000 officiers.

Cette œuvre s'accomplissait, se perfectionnait, tandis que l'effort de la lutte se maintenait d'une manière constante. Au front, l'ennemi, inquiet et désireux d'éprouver la résistance de nos lignes par rapport à sa préparation, s'était obstiné dans des attaques diverses et continuelles. En Albanie, notre occupation avait dû être consolidée, et une œuvre vaste et absorbante en forces avait été nécessaire pour créer, dans un pays pauvre et dévasté, la possibilité de la vie : 600 kilomètres de routes construites, des maisons et des villages reconstruits, des conduites d'eau. En Macédoine, l'activité guerrière avait particulièrement éprouvé la zone où opéraient les Italiens, et, en particulier, la cote 1050, valeureusement enlevée aux Allemands, fut l'objet de vives attaques.

L'armée italienne sortait de ce travail d'organisation accompli pendant l'hiver, plus forte, plus solide, victorieuse encore d'une dure lutte qui l'avait trempée, mais surtout décidée, avec une pleine conscience de ses capacités, à affronter l'ennemi puissant, qui avait visé seulement le front italien, avec une intensité de préparation, de volonté et de graves menaces, indiquant l'espoir, sinon même le projet insensé du Commandement autrichien de trouver au front italien, contre l'Armée italienne, un coup décisif pour la guerre.

L'arme du Génie a écrit pendant la guerre actuelle des pages glorieuses, suivant ainsi ses nobles traditions et les éclairant d'une lumière nouvelle. Lorsqu'il sera possible de savoir, dans les plus petits détails, ce que l'arme du Génie a donné de travail, de patience, de ténacité de sang, aux victoires italiennes, l'admiration sera profonde, la gratitude impérissable.

La bataille de Plava à la Mer.

La double menace autrichienne.

La retraite allemande, effectuée en mars au front occidental, excluait la possibilité d'une offensive qui dût renouveler dans de plus vastes proportions celle qui avait été tentée et qui avait si misérablement échoué contre Verdun. La manœuvre de Hindenburg fut interprétée par quelques-uns comme ayant pour but de rendre possible une attaque en grandes forces au front oriental. Mais deux événements vinrent aussitôt éliminer cette hypothèse : la révolution russe et l'offensive anglo-française. La première, qui éclata presque en même temps que s'effectuait la retraite allemande, créait une nouvelle situation politique, de nature à conseiller d'abord l'attente, ensuite — après la très courte, mais violente attaque sur le Stochod — les offres d'une paix séparée et les tentatives de fraternisation aux tranchées, où, en réalité, s'établit une véritable trêve. La deuxième avait montré l'inanité du calcul de Hindenburg, d'interposer une zone de destruction entre l'appareil de l'offensive anglo-française et les positions allemandes qui, en reculant, se seraient soustraites au choc. Les Anglais et les Français suivirent au contraire l'ennemi de près, dans sa retraite, l'engageant et l'attaquant avec une grande violence, en avril, l'obligeant à un effort imposant et lui faisant subir des pertes graves.

Ainsi, la réalité confirmait l'hypothèse la plus accréditée, c'est-à-dire que l'Allemagne n'entendait préparer aucune grande offensive et préferait se tenir, dans le territoire occupé, prête à la défense contre les actions des Alliés, comptant arriver à la paix par la campagne sous-marine.

Dans ces conditions, le projet d'une grande offensive au front italien, dont on avait parlé dès le mois de janvier, lorsque Hindenburg et Ludendorf l'avaient visité, apparaissait tout à fait fondé. Le Commandement autrichien s'était polarisé au front italien, où les positions encore possédées dans le Trentin et au delà de l'Isonzo l'engageaient à reprendre, cette fois par une double action, le plan d'invasion qui avait si misérablement échoué au mois de mai 1916. Si, d'ailleurs, le plan ne pouvait pas réussir

On devrait définir l'arme italienne du Génie : « l'arme qui a préparé la victoire avec patience, conscience, et générosité ». Un coup d'œil rapide sur l'œuvre, si complexe, accomplie par cette arme suffit pour justifier cette définition.

Voilà deux ponts magnifiques, constructions faites avec une hyperbolique rapidité par les terrassiers italiens, maîtres dans le monde entier par leur intelligente habilité dans les travaux les plus difficiles et les plus rudes.

entièrement, du moins l'armée italienne serait chassée de tout le territoire conquis, qu'il fallait reprendre avant la paix.

Pour sa double action, du Trentin et de l'Isonzo, le Commandement autrichien avait eu, comme on l'assurait, la garantie d'une collaboration allemande, dont les préparatifs furent signalés dans la Bavière méridionale. Grâce à cette collaboration, le plan d'invasion par le Trentin aurait eu comme but d'irruption la Val Giudicaria, de manière à pouvoir aussitôt menacer la Lombardie, avec ses centres si importants pour la vie italienne.

De l'Isonzo, on viserait la reprise de Gorizia et la possession de la ligne du fleuve.

Les événements que nous avons indiqués plus haut ne diminuèrent point les motifs de considérer comme fondée une grande offensive autrichienne, car si tout ce qui s'était passé au front occidental supprimait peut-être la possibilité d'une collaboration allemande, la révolution russe et la stase qui en était la conséquence au front oriental donnaient tout à coup au Commandement autrichien le moyen de disposer de la meilleure partie des forces de la Monarchie, en hommes et en artillerie, pour les amener au front italien.

De vastes mouvements d'hommes et de matériel avaient été en effet signalés pendant tout l'hiver, principalement dans le Trentin, tandis que les attaques ennemies renouvelées à l'est de Gorizia indiquaient le dessein d'expérimenter le point certainement le moins fort de notre front de l'Isonzo.

Le Commandement italien dut en conséquence considérer fermement, dès l'hiver, l'éventualité d'une double action offensive, qui chercherait à mettre encore en valeur les avantages du front autrichien, et se préparer contre cette action.

Il fallait sa préparer fortement sur presque tout le front, et comme la préparation, tout en tenant présente l'action défensive, devait aussi servir pour reprendre l'offensive, à laquelle on n'entendait pas du tout renoncer, il fallait qu'elle fût également puissante dans le Trentin et sur l'Isonzo. Ce n'est donc pas seulement en lui-même, pour les besoins d'une zone si difficile, pour les rigueurs d'un hiver si terrible, pour la création de nouvelles unités que le puissant effort accompli jusqu'au mois d'avril doit être pris en considération, mais encore en relation avec le plan probable des Autrichiens.

Une preuve de la géniale ressource des soldats italiens est fournie par la légère construction reproduite ci-dessus. Au début des hostilités, les Autrichiens firent sauter le pont au-dessous de Plezzo, là où la Coritenza, après sa course dans une vallée encaissée entre les Alpes Juliennes orientales et la chaîne du Canin, se jette dans l'Isonzo. Sur les ruines du pont, on jeta la hardie et pittoresque passerelle qui devait permettre à nos soldats de menacer l'importante route militaire de Caporetto à Tarvis, dans l'étroit fossé appelé « Chiusa di Plezzo ».

La grave tâche de l'armée italienne.

La configuration du front, modifiée cependant par les offensives de 1915 et de 1916, était sans doute de nature à assurer à des opérations offensives autrichiennes des avantages de premier ordre. *Etre sûrs de se défendre et se maintenir capables d'attaquer* sur ce front, comme c'était la ferme volonté du général Cadorna, impliquait *une égale possibilité de se défendre et d'agir dans le Trentin et sur l'Isonzo.* Si l'on voulait, en même temps, faire face à toute action ennemie et se tenir en état de prendre l'initiative contre un ennemi en force, il était nécessaire de se disposer à développer une action offensive dans le Trentin comme sur l'Isonzo, ayant l'assurance de pouvoir réagir très fortement sur celui des deux fronts qui ne serait pas choisi pour une action offensive. En un mot, la préparation devait être telle qu'on pût exploiter rapidement tout insuccès de l'offensive ennemie sur l'un des deux fronts, dans le cas où l'ennemi attaquerait le premier, et qu'on pût imposer décidément sa propre initiative, dans le cas où l'on jugerait opportun d'attaquer l'ennemi les premiers. Tout cela, en comptant sur ses propres forces, puisque la séparation du front italien des autres fronts ne permettait pas alors, sauf dans une hypothèse grave, de prendre en considération une éventuelle intervention des Alliés.

A la fin du mois de mars, lorsque, grâce à une plus grande insistance de nouvelles et d'informations, grâce aux visites continuelles de hautes personnalités militaires autrichiennes à notre front, la menace d'une double grande offensive autrichienne s'accréditait davantage, le général Cadorna, parlant avec le député Barzilaï, prononça des paroles qui rassurèrent la Nation. Tout ce qu'il fallait faire pour attendre l'ennemi de pied ferme s'était fait et se faisait.

L'esprit clair et simple des paroles prononcées signifiait aussi que celui qui parlait ainsi était également certain que l'armée, fortifiée, renouvelée, augmentée, avait en 1917 la même volonté offensive qui l'avait animée en 1915 et en 1916.

En amont de Salcano (la bourgade est plus antique que Gorizia et les Romains l'avaient nommée Castrum Silicanum) jusqu'à Plava, l'Isonzo coule dans une gorge effrayante. Avant la guerre, un majestueux pont en pierre, d'une seule arche, d'une ouverture de 83 mètres, y était jeté pour le chemin de fer. Les Autrichiens firent sauter ce pont. Les soldats du génie italien, bravant la mitraille ennemie et la rapidité du fleuve, construisirent, avec une rapidité miraculeuse, la hardie passerelle qui est un bel exemple d'habileté et d'audace. Et le « pas de Salcano » fut dompté.

Les dispositions qui furent ensuite adoptées dans le haut Commandement autrichien confirmèrent au moins la décision de concentrer au front italien le plus grand effort. Le général Conrad von Hoetzendorf était relevé de ses fonctions de Chef d'Etat-Major, et on lui confiait le haut commandement des forces qui opéraient dans le Trentin. Le commandement du groupe des armées du front de l'Isonzo restait au général Borœvitc. On avait voulu ainsi, en laissant la direction suprême à l'archiduc Eugène, créer deux masses indépendantes, dont chacune, tout en opérant en harmonie avec l'autre, serait capable de développer une action offensive particulière.

Mais les événements politiques généraux, et, plus particulièrement les projets du nouvel empereur Charles, de donner un vernis de fausse modernité à la vieille Monarchie, influèrent sur les décisions militaires, déterminant un arrêt, ou pour le moins une attente, de la part du Commandement autrichien.

Attaquer les premiers.

Le général Cadorna, qui avait donné une preuve si résolue de desseins offensifs par l'attaque de la place forte de Gorizia qui suivit la contre-offensive du Trentin, crut alors opportun de mettre à exécution la partie du plan qui, de la préparation défensive, devait faire naître l'action offensive. Le mauvais temps, la nécessité de faire face à toute menace ennemie, avaient, cette année, fait juger opportun au Commandement italien de ne pas gaspiller des forces dans des actions limitées et de courte durée, même si, pendant les heureuses opérations anglaises de mars et avril au front occidental, la tentative avait pu sembler favorable.

Il fallait se décider seulement à une action de grand style, et cette action ne pouvait avoir lieu qu'après une préparation parfaite. En d'autres termes, elle devait se réaliser moins par l'influence de contingences extérieures qu'en vertu de la réalisation de la maturité de sa propre

Une autre construction remarquable faite par le Génie est celle du pont de Idrisca, jeté sur l'Isonzo, un peu en aval de Caporetto; il est sur la route carrossable qui mène à Tolmino. De cette position, l'artillerie autrichienne foudroyait les audacieux constructeurs; mais ni la rage ennemie ni la violence du feu ne réussirent à détourner les braves soldats de leur travail, et l'ouvrage triompha de toutes les embûches.

force. Pour obéir à ce principe, le général Cadorna, lorsqu'il crut le moment venu, ne se préoccupa point du tout de ce qu'il y avait, au front occidental, un arrêt qui avait suivi l'offensive anglo-française du mois d'avril, et de ce qu'il y avait au front russe une véritable trêve. L'ennemi était en armes à notre front, fort et bien muni. Puisqu'il hésitait à attaquer et qu'il préférait attendre, il fallait l'attaquer, décidément. Et c'est ce qui fut décidé.

Ce fut encore une fois le front de l'Isonzo qui fut choisi, de Canale à la mer. Une action offensive autrichienne pouvait profiter, dans cette zone, des deux forts saillants restés à l'ennemi, au nord et au sud de la ligne qui avait son centre en face de Gorizia. Le saillant au nord était constitué par le massif de montagnes s'avançant en forme de bastion dans le coude de l'Isonzo, au sud-est du Mont Corada. C'était le massif du Cucco et du Vodice, relié, au moyen du Monte Santo, à la défense des hauteurs à l'est de Gorizia. Déjà en 1915, les infanteries avaient réussi, là où le coude du fleuve est plus étroit, c'est-à-dire à Plava, à s'installer sur la rive gauche. Mais c'était une occupation qui, dûe à une valeur obstinée, restait toutefois exposée aux formidables positions autrichiennes, constituées par plusieurs or-

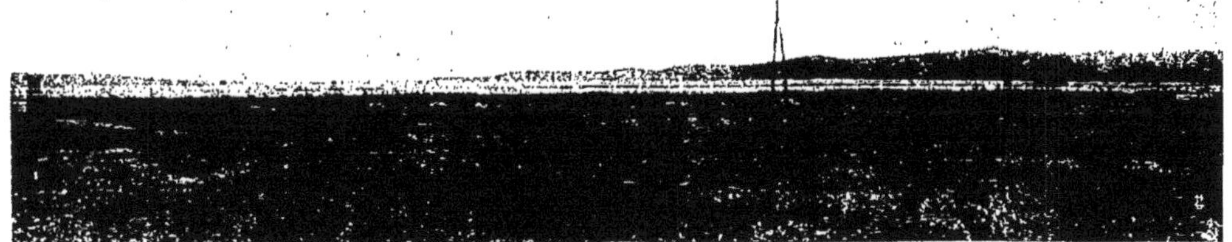

Ce n'est pas seulement sur le théâtre italien de la guerre, mais bien encore sur d'autres fronts, que le Génie italien a apporté l'importante contribution de son action éclairée. Ses troupes ont exécuté nombre de constructions en Albanie aussi bien qu'en Macédoine. En voilà un specimen: un pont de longueur imposante dans le secteur de Salonique.

Le Podgora a été rendu sacré par l'héroïque sacrifice du plus pur sang italien. Dans les premiers mois de guerre, le Commandement italien s'acharnait cotre le Podgora pour le conquérir; les Autrichiens s'acharnaient sur le Podgora pour le défendre; et les soldats lancés tous les jours par vagues vers l'âpre sommet l'appelaient « le Calvaire! » Mais, à la fin, la valeur italienne eut raison de la barrière de tranchées en béton, blindées d'acier et couvertes de manière à former des galeries percées sur un flanc, de meurtrières. Les Autrichiens durent abandonner ce boulevard de Gorizia. En se retirant, ils détruisirent le pont sur l'Isonzo, devant Gorizia. Les soldats du Génie le rebâtirent sous le feu ennemi: voilà le nouveau pont! Le 7 août 1916, les beaux régiments italiens victorieux y passèrent triomphants.

dres de retranchements solidement construits dans la montagne qui descend presque à pic sur le fleuve rapide et inguéable.

Fortement appuyée à ce saillant, qui pouvait paralyser la position du Sabotino dominant, sur la rive droite, l'autre coude que l'Isonzo fait plus au sud, avant de passer au delà de Gorizia, l'armée autrichienne aurait pu développer une action d'une grave menace au centre de sa ligne.

Le saillant au sud était constitué, peut-on dire, par notre avance victorieuse de novembre 1916, lorsque, sur une profondeur de cinq kilomètres environ, nous avions occupé, le long du Vipacco, la partie septentrionale du Carso jusqu'au Dosso Faiti. En effet, les Autrichiens possédant, avec l'appui de la formidable position de l'Hermada située contre Duino, la partie méridionale du Carso jusqu'à deux kilomètres environ de Monfalcone, une vive action pouvait être développée au sud, avec une menace à notre flanc droit.

Le général Borœvitc pouvait donc profiter de ces deux fortes positions d'ailes pour une grande attaque dirigée contre Gorizia et pour atteindre la ligne de l'Isonzo. La grande bataille commencée le 12 mai les lui coupa.

La conquête du bastion du Cucco et du Vodice.

La première phase de l'action eut pour objectif le saillant nord. Le bombardement ouvert de Tolmino à la mer en dissimula jusqu'au 14 la direction effective. Le matin du 14, le feu se fit très intense. A midi, l'infanterie marcha à l'attaque. Les positions ennemies, bien qu'exposées à un feu de destruction persistant, se présentaient toutefois comme difficiles à conquérir par des troupes qui étaient forcées à mener l'assaut, de bas en haut, sur une barrière raide comme celle du Cucco, du Vodice, du Santo. Mais les infanteries italiennes, franchissant les courtines de feux de barrage très puissants des nombreuses artilleries ennemies, occupèrent, dans un premier élan, la cote 383 de Plava, éperon

Dans l'action historique des 6 et 7 août, qui devait nous donner la ville de Gorizia, l'ennemi fut surpris et mis en déroute par la tempête de bombes qui, de nos lignes, tomba contre les puissantes défenses autrichiennes. Voici ce que dit un communiqué officiel de ces jours-là : « la préparation du feu a été très efficace, soit à cause du nombre important de bouches à feu qu'il a été possible d'employer, par suite de l'incessant développement donné, pendant la guerre à la production de l'artillerie soit à cause de l'organisation d'un nouveau moyen puissant de destruction : *les batteries de bombardes* ».

à l'extrémité du saillant, les pentes du Cucco, les fortins de Zagomila entre le Cucco et le Vodice, les pentes du Santo, atteignant le couvent situé au sommet. L'attaque avait été soutenue par des actions des infanteries de la zone de Gorizia, qui conquirent une forte position ennemie, et par une forte pression contre les lignes opposées du versant septentrional du Carso. L'ennemi résistait furieusement, découvrant de nombreuses batteries puissantes et engageant des réserves fraîches. Dans la nuit du 14 au 15, au nord de Canale, entre Loga et Bodrez, deux bataillons, soutenus par des éléments auxiliaires, traversaient l'Isonzo, et, par une action de surprise, faisaient croire à l'ennemi que l'action contre le plateau de Baïnsizza se prononcerait par une attaque partant de cette zone. Le 16, les infanteries italiennes, forcées cependant de laisser le sommet du Santo, atteignaient leurs objectifs en conqué-

Ainsi, la « bombarde », l'arme nouvelle que l'Italie avait forgée en silence, avec une foi ardente, pour sa victoire, eut sa place d'honneur dans la chronique de la guerre. Maintenant, « *les bombardiers du Roi* » forment une des plus superbes unités de l'armée. La puissance d'un coup de grosse bombarde est effroyable : ces deux photographies en donnent une idée.

La lutte contre les éléments n'est certes pas la moins dure, sur le front italien. Voici les environs de Sdraussina — une fraction de Sagrado, dont la gare du chemin de fer Trieste-Udine est le quai de marchandises de Gradisca — inondés par la crue de l'Isonzo. Mais les automobiles parcourent imperturbablement la route, et ni les cyclistes ni les piétons ne s'arrêtent : cette guerre est ainsi faite ; elle n'admet pas d'arrêt, quelle que soit la nature de l'ennemi à combattre !

rant solidement le Cucco et le Vodice, entrant ainsi en possession du saillant nord.

L'ennemi, qui n'avoua jamais dans ses bulletins la perte du Vodice, commença une série de contre-attaques incessantes, impétueuses, sans ménager les vies humaines. La bataille continua jusqu'au 22, très sanglante; mais non seulement les infanteries italiennes maintinrent les positions atteintes, mais encore elles étendirent la conquête en atteignant Globna et Paliova, et en s'établissant sur toute la crête de la montagne jusqu'à la selle entre le Vodice et le Santo.

A l'est de Gorizia, au sud de Vippacco, se renouvelèrent les combats dans lesquels l'ennemi eut de graves pertes, sans obtenir aucun résultat, tandis que les bataillons italiens, après avoir accompli l'action démonstrative entre Loga et Bodrez, se retiraient sur la droite du fleuve, sans que l'ennemi s'en aperçût.

Le Commandement autrichien jugea alors à propos de profiter des forces accumulées dans le Trentin pour exercer une vaste action de diversion, et, entre le 19 et le 22, les troupes de Conrad attaquèrent dans la Val Sugana, sur le plateau d'Asiago, dans la Vallée de l'Adige, le boulevard du Pasubio, à l'ouest du lac de Garde. Partout, notre formidable préparation défensive, mise à l'épreuve, eut raison des attaques ennemies.

La victoire du Carso.

Le Commandement italien put donc mettre à exécution la deuxième opération de la vaste bataille, contre le saillant méridional. Le 23, de six heures à seize heures, un feu infernal fut concentré sur les positions ennemies du Carso, l'un des plus terribles bombardements de toute la guerre européenne, comme l'avouait ensuite la presse viennoise. A seize heures, tandis que, sur l'aile gauche, s'exerçait une pression sérieuse sur l'ennemi, au centre et à l'aile droite les infanteries s'élançaient à l'attaque. Tout le saillant de Boscomalo fut brisé dans la première et dans la deuxième ligne, Jamiano fut occupé. De la mer, l'artillerie

Prisonniers austro-hongrois. On en compte par dizaines de mille, car toutes les grandes actions des armes italiennes ont été couronnées par la prise de nombreux ennemis. Et l'Italie, mère du droit et maîtresse de civilisation, accueille le prisonnier ennemi en victorieuse, mais non pas en tyran. On leur donne tous les soins, en commençant par ceux de l'hygiène. Une preuve entre toutes : tel est le sentiment de reconnaissance que les prisonniers autrichiens ont pour notre Nation que ceux d'un de nos camps de concen-

de la flotte était intervenue sur des monitors, du ciel, 130 appareils avaient participé à l'attaque de l'infanterie, bombardant et mitraillant, au bas de la cote, les réserves ennemies. Le soir, plus de 9.000 prisonniers étaient ramassés à l'arrière.

La bataille fut reprise le 24 et continuée ensuite jusqu'au 31. Le centre et l'aile droite avancèrent résolument, brisant les défenses formidables du saillant, combattant pied à pied sur le terrain insidieux, faisant sortir les prisonniers des cavernes, amenant en ligne, avec l'infanterie d'assaut, les canons de campagne et les mitrailleuses pour déloger l' ennemi de ses cachettes. S'étant désormais rendu compte de la direction de l'attaque, le Commandement autrichien ne ménagea plus ses troupes, et, disposant de grandes réserves et d' une artillerie formidable, il lança les contre-attaques le long de tout le front. On continua la bataille, sur le Cucco, sur le Vodice, sur les pentes du Santo; on défendit âprement les positions prises à l'est de Gorizia; on maintint la mêlée vive sur toute la ligne du Carso. Mais les positions essentielles furent fortifiées sous des bombardements continuels, et les infanteries italiennes, poussées par leur élan, s'avancèrent jusque sous l'Hermada.

24.000 prisonniers et un énorme butin de guerre restèrent dans les mains des Italiens, à la fin de l'action.

L'armée italienne, sortie du deuxième hiver de guerre avec une nouvelle force, avec une nouvelle puissance, avait pu ainsi maintenir dans les conditions les plus difficiles, contre l'effort principal de la vieille Monarchie guerrière, l'initiative des opérations, réussissant à démasquer et à désorienter par son offensive les formidables préparatifs que l'ennemi avait faits dans l'espoir de frapper un coup décisif.

La résistance violente avait montré que l'ennemi avait encore une fois négligé le front oriental pour être tout entier lui-même au front italien. Les contre-attaques et les actions de diversion faisaient prévoir de nouvelles réactions puissantes sur tout le front, auxquelles il fallait opposer une résistance égale à l'offensive; mais, désormais, rien n'ébranlait plus la certitude italienne de maintenir fortement la guerre sur le territoire ennemi.

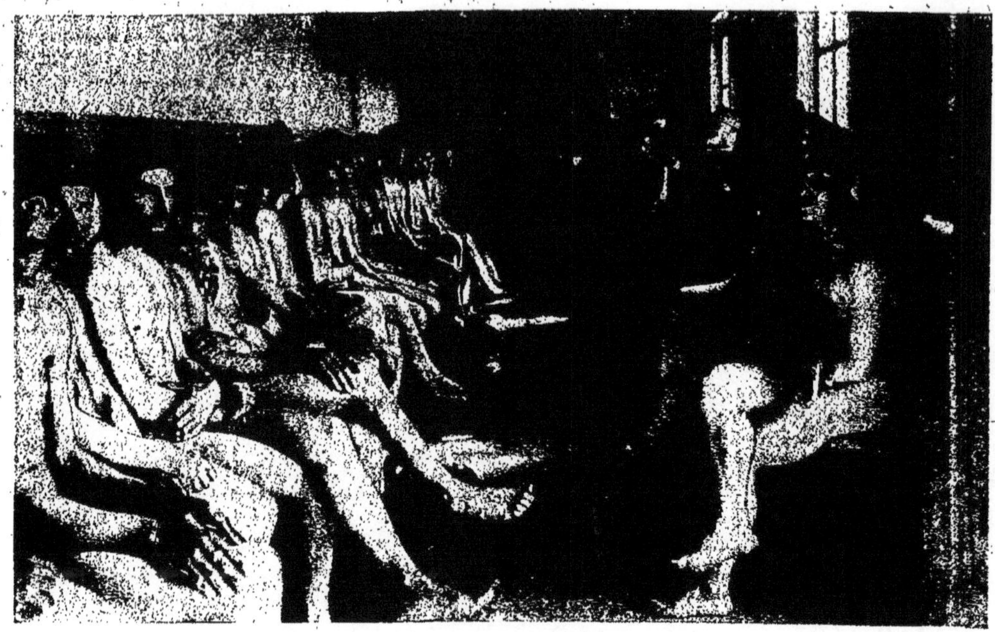

tration ont voulu l'exprimer en élevant un monument à Dante! Le grand poète n'aurait pu avoir un hommage plus significatif! On ne peut pas dire autant du traitement que l'Autriche fait subir aux prisonniers italiens! Dans les camps maudits où ils sont concentrés, on meurt: la faim et le typhus moissonnent les victimes par centaines, et la cruauté naturelle des Autrichiens rend plus triste que jamais le malheur de ceux à qui a été refusé la gloire de tomber sur le champ de bataille!

L'action de la flotte dans l'Adriatique.

L'infériorité du front de mer italien.

La puissance maritime de Venise était solidement fondée sur la possession de toutes les côtes de l'Adriatique, une mer qui ne peut pas se diviser équitablement. L'Adriatique ayant été divisée après la chute de Venise, lorsque la Vénétie fut rachetée dans la guerre de 1866, il revint à l'Italie cette partie de la côte, la partie occidentale, qui devait, sur le front de mer, comme sur celui de terre, représenter l'infériorité italienne en face de l'Autriche. Car, comme sur le front de terre, sur celui de mer, la nature a aussi fait que la côte occidentale, la côte italienne, soit ouverte à l'offensive, et que la côte orientale, la côte autrichienne, soit forte pour la défensive et pour l'offensive.

La côte italienne est ouverte, basse, nue, peuplée de villes, faite pour la paix, désarmée pour la guerre. De la place forte de Venise, qui, toutefois, ne peut pas servir de base pour les grands vaisseaux de guerre modernes, à Brindisi, où il a été possible de constituer une base pour les vaisseaux légers, il y a 600 kilomètres de côte, qui ne peuvent compter sur d'autre défense que la défense mobile. Et ce n'est pas tout, car pour trouver la véritable base navale italienne, où l'on peut réunir la force la plus considérable de la flotte, il faut tourner le talon de la botte italienne et entrer dans la mer Ionienne, à Tarente.

La côte autrichienne, au contraire, a son premier point d'appui dans la presqu'île istrienne qui, en forme de triangle renversé, domine la haute Adriatique. Au sommet du triangle, c'est-à-dire dans la position la plus avantageuse pour pouvoir sortir pour l'offensive et se retirer pour la défensive, se trouve Pola, l'une des plus formidables bases navales du monde, protégée à son entrée par un véritable bastion, constitué par les îles Brioni. Ce n'est pas tout. Toute la côte dalmate qui va de la presqu'île istrienne jusqu'à Cattaro est protégée par des

Le ballon-dragon qui, d'en haut, a marqué aux héroïques batteries les points à cannoner, aux héroïques bataillons les chemins à suivre, rentre dans son hangar caché dans un bois : il va se reposer, lui aussi. Demain, il remontera dans l'azur, guide audacieux et sûr pour la victoire ! Tout le front italien est surveillé par un très grand nombre de ces ballons, échelonnés par petites distances, infatigables dans leur vigilance.

îles et des îlots qui forment une vraie barrière de défense, et permettent une navigation tranquille sur une mer fermée, hors de la surveillance ennemie, avec des repos et des appuis formés par des baies cachées. A Cattaro se trouve une autre base navale, dont les golfes intérieurs, aux eaux profondes, pourraient recevoir et mettre en sûreté plusieurs flottes unies ensemble.

Cela signifie que les vaisseaux de guerre italiens appelés à défendre la côte ouverte et peuplée, doivent naviguer longuement sur une mer battue par les vents, sans autre possibilité d'abri que dans deux bases éloignées, et, en tout cas, insuffisantes pour de grandes unités modernes. Par contre, il suffit à l'ennemi de quelques heures de navigation transversale dans le sens de la largeur de la mer Adriatique, qui n'a en moyenne que 160 kilomètres, pour partir d'une base navale ou bien d'une baie cachée de l'archipel dalmate, et atteindre l'objectif à attaquer.

A la déclaration de guerre de l'Italie, la flotte autrichienne aurait pu chercher, étant donné ses forces presque égales à la force italienne, à tirer profit de cette énorme supériorité de son front de mer pour un coup décisif. Elle ne voulut profiter de cet avantage que pour accomplir une action d'une faible valeur militaire et stupidement barbare, en bombardant, avec les vaisseaux légers, des villes et des bourgades sans défense : Rimini, Ancône, Ortona, Termoli, les Tremiti, Manfredonia, Barletta, Bari. Le caractère sauvage de ces opérations, pour lesquelles quelques minutes de feu suffirent, avait toutefois pour mobile le calcul habituel et absurde du peu de résistance morale de la population italienne. On crut, dans la vieille Monarchie, qu'en agissant ainsi on déterminerait des mouvements violents de protestation contre la guerre. Au contraire, le bombardement eut un résultat opposé : car la facilité de ce bombardement persuada encore mieux nos populations de l'Adriatique de la nécessité de combattre un ennemi aussi cruel que favorisé de la nature pour ses entreprises corsaires.

Dans le but d'empêcher ces opérations, la flotte italienne employa, autant que cela lui était permis, tous ses vaisseaux légers pour de longues croisières, péniblement inutiles pendant les périodes où l'ennemi, caché dans ses parages sûrs, comptait sur cette usure pour acquérir une nouvelle supériorité dans sa force intacte. Elle aurait pu se livrer à des opérations de re-

Les « skieurs », vêtus de blanc pour se soustraire, grâce à la blancheur de la neige, à l'œil de l'ennemi, sont, si l'on peut ainsi dire, les Alpins parmi les Alpins ! Lorsqu'un journaliste anglais put visiter le front italien et put se rendre compte de cè que font les Alpins, dans la double lutte contre l'ennemi et le terrain, il les nomma « seigneurs des Alpes ». Les « skieurs » sont « seigneurs parmi les seigneurs ». Inaccessibilités, escarpements, torrents, ravins, précipices : ce sont des mots qu'ils ont effacés du dictionnaire. Ils n'en ont qu'un auquel ils obéissent : Patrie ! Et ils ont déniché les chamois, pour en prendre la place.

présailles; mais si la brutale violence ennemie dégageait la flotte italienne du respect des règles et des conventions internationales, des navires italiens ne pouvaient pas ouvrir le feu sur des villes italiennes, comme celles de l'Istrie et de la Dalmatie.

L' ennemi le savait, et il en profitait d' une façon barbare.

La flotte autrichienne s' emprisonne.

Toutefois, dans la première période des longues croisières, la marine italienne nourrit encore le vif espoir que la flotte ennemie chercherait à livrer bataille. Nos torpilleurs voulurent accomplir la mission de défense qui leur avait été confiée, en pénétrant dans l'archipel dalmate, en détruisant sémaphores, phares et stations télégraphiques, en cherchant à dénicher les navires ennemis. Tandis que les grosses unités se tenaient prêtes pour une intervention, on crut opportun de confier des entreprises hardies à des divisions de croiseurs, bien que ce ne fussent point des navires doués d'une très grande vitesse, comme cela eût été nécessaire, bien que quelques-uns fussent même vieux et lents. Ainsi, une division fut envoyée bombarder des ouvrages ennemis près de la base de Cattaro; une autre remonta l' Adriatique pour opérer sur l'aile droite de l'armée qui combattait sur l'Isonzo. Mais l'ennemi, qui ne risquait aucun cuirassé, se borna à l'embûche sous-marine. Le « *Garibaldi* », croiseur vieux modèle, et l'« *Amalfi* », plus moderne, furent torpillés. L'Adriatique se prête en effet à des entreprises faciles de sous-marins contre de gros vaisseaux en croisière, et si l'Autriche, au début de la guerre, n'avait en action que six sous-marins, l'Allemagne avait remédié à cette insuffisance. Des sous-marins démontés avaient été envoyés à Pola avec des techniciens et des équipages, remontés et remis à la mer pour combattre contre l'Italie, comme les troupes bavaroises dans le Trentin et dans le Cadore. Mais, peu à peu, le dessein de la marine adversaire apparut clairement, tel qu'il a été confirmé ensuite dans les années de guerre suc-

Les « chiens de guerre » ont désormais leur histoire. Ils recherchent les disparus, secourent les blessés, servent de guide fidèle. Les chiens ont été employés pour l'un des services les plus importants : le transport de l'eau dans la haute montagne. A deux mille, à trois mille mètres, lorsque la tempête se déchaîne, la corvée qui porte l'eau ne peut pas arriver ; et la soif est le pire des ennemis, pire que la faim ! Le chien porteur d'eau brave la tempête, échappe au feu insidieux, arrive au but : une caresse du soldat, à qui il apporte le rafraîchissement béni, le dédommage des fatigues qu'il a endurées et du péril qu'il a bravé !

cessives : tenir sa propre flotte emprisonnée, avec toutes ses unités cuirassées, dans les bases navales, en la tenant matériellement fermée par des barrages, des obstacles, des filets métalliques; compléter l'embûche sous-marine par l'exploration et l'offensive aérienne, pour user et menacer nos vaisseaux et effectuer des opérations d'offensive. Le dessein était et est sans aucun doute très peu brillant. Il implique naturellement la *renonciation absolue à la domination de la mer*. Une renonciation qui ne signifie pas seulement la cessation complète de tout trafic maritime, comme cela est arrivé grâce à la disparition des mers du pavillon austro-hongrois, mais encore la renonciation à empêcher que l'ennemi dispose de la mer. Cette deuxième renonciation, plus grave peut-être que la première, certes plus humiliante, a été imposée par notre marine, qui a réussi à maintenir le trafic indispensable dans l'Adriatique, et qui, surtout entre la fin de 1915 et les premiers mois de 1916, affirma résolument et d'une manière définitive sa supériorité sur l'adversaire, en organisant l'œuvre de secours au Monténégro et aux réfugiés Serbes, la base de Valona et la base transitoire de Durazzo, le transport de l'armée et des réfugiés serbes. Ni la mauvaise saison de fin d'automne, ni la proximité de la puissante base navale de Cattaro à la côte albanaise, base navale d'où il était facile d'organiser cent actions de surprise et de force en même temps, n'empêchèrent ces trois longues opérations de s'effectuer ni n'empêchent aujourd'hui tout le trafic qui, à travers le canal d'Otrante, s'est établi entre les deux rives de l'Adriatique.

Le sauvetage des Serbes affirme la domination italienne sur l'Adriatique.

Tout ce qui dut alors se faire n'était ni simple ni facile. La côte albanaise ne présente que des rades naturelles, car on ne peut parler de ports là où il manque toute protection artificielle, toute défense, tout atterrissage préparé, tout moyen de déchargement; là où tout

SPÉCIMEN DE LA GRANDE CARTE DE LA GUERRE DU T. C. I.

L'Adamello et le Col du Tonale

La compréhension de la guerre italienne n'est pas possible sans l'aide d'une bonne carte géographique, à une échelle suffisante, qui permette de connaître l'ensemble du vaste front aussi bien que certains détails du terrain qui en sont caractéristiques. Une carte semblable doit comprendre toute la vieille frontière, toute la nouvelle que l'Italie doit conquérir, et, en deça de l'une comme au delà de l'autre, une large zone qui permette d'embrasser l'ensemble des grands reliefs orographiques formant les plus grandes vallées, le cours des fleuves depuis leur source jusqu'aux plaines et les rapports des grandes communications entr'elles.

Surtout, il doit résulter d'une façon évidente que l'Italie ne peut absolument pas renoncer à la nouvelle frontière qu'elle veut obtenir à tout prix, pour des raisons ethnographiques aussi bien que pour la sécurité de son propre territoire, afin que celui-ci cesse enfin d'etre ouvert aux invasions d'un ennemi avide.

Pour répondre à cette nécessité, le Touring Club Italien a publié une **Grande Carte de la Guerre Italienne,** composée de 24 feuilles de 63 cm. × 44 cm., à l'échelle de 1 : 100.000, en 8 couleurs, dont la petite carte au recto offre un spécimen.

On voit, par le tableau d'ensemble reproduit ci-dessous, qu'on arrive, au nord, au Brenner avec le Haut Adige; au nord également s'étend la grande ligne de la Drave, plus à l'est celle de la Save, jusqu'au delà de Lubiana (Laibach). A l'ouest, avec la Val Camonica et la Haute Valteline se trouve aussi la Moyenne Engadine. Au sud, la Carte suit le parallèle qui coupe le lac de Garde et continue jusqu'à Trieste. Dans les feuilles 5 et 6, les angles NE qui contiennent un terrain ayant moins de rapports avec la guerre italienne, sont coupés par un encadrement, où sont dessinées en couleurs, l'Istrie et toute la Dalmatie jusqu'à Cattaro, avec son hinterland, à l'echelle de 1 : 500.000.

La Carte est donc complète: on y voit le front du Trentin, le front des Alpes Cadoriques, celui des Alpes Carniques et celui des Alpes Juliennes. Ce magnifique ensemble est si organique qu'il formerait, fixé au mur, un magnifique tableau rectangulaire de 3 m. 50 sur 1 m. 50 de hauteur.

Toutefois, le Touring Club Italien dans le but d'obtenir à cette Carte une large diffusion même à l'Étranger, en fait l'envoi à un prix de propagande très réduit.

TABLEAU D'ENSEMBLE

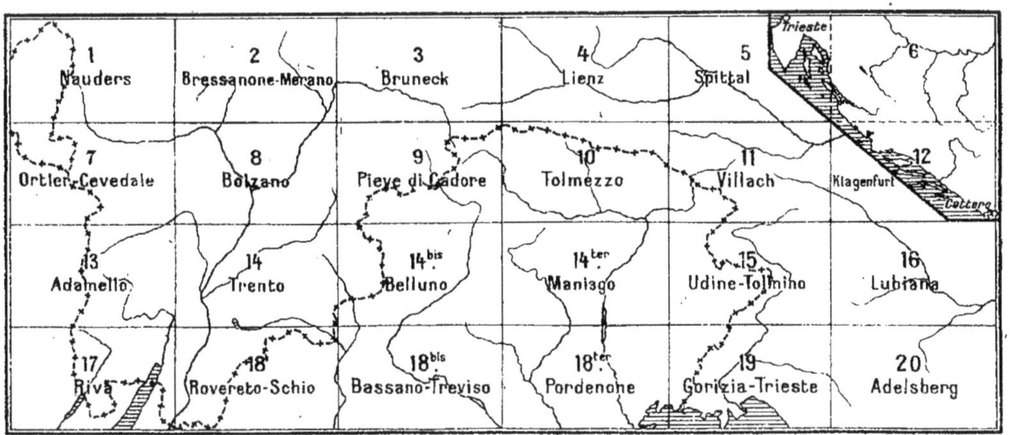

Prix au siège du T. C. I.	*Par poste recommandée dans le Royaume et les Colonies*	*Pour l'étranger recommandée*
L. 13 —	**L. 14,25**	**L. 15,50**

Les expéditions se feront exclusivement contre versement ou mandat, effectué ou envoyé d'avance.

Ils marchent eux aussi, les bœufs! Ils marchent sur les traces de la bataille. Les parcs gigantesques se déplacent à mesure que se déplace la ligne de combat. Aujourd'hui en chemin! Demain, près des tranchées fumantes, les gras animaux seront abattus, pour restaurer les soldats victorieux.

ce qui doit se faire pour remédier à une si franche barbarie — on aurait cru impossible, si elle n'avait pas été turque, qu'elle existât au milieu de l'Europe — doit être porté : les moyens et la main-d'œuvre. De plus, les bas-fonds empêchaient l'utilisation de gros navires. Cependant, dès qu'il fut urgent d'organiser le transport des vivres à la fin de 1915, on dut recourir à des moyens de petit tonnage et organiser des expéditions nombreuses et fractionnées. On utilisa les navires à vapeur, à voiles, avec des moteurs à explosion, et on vit s'affirmer toute la bravoure des marins des populations riveraines italiennes, qui constituent nos équipages militaires et marchands.

Mais l'envoi des vivres, auquel l'ennemi préféra opposer des bandes armées, qui se livraient au pillage des caravanes de transport à terre, dut bientôt se transformer, comme nous l'avons déjà dit, en une œuvre plus vaste. L'Italie jetait un corps d'occupation de l'autre côte de la mer; Valona devait se transformer en un vaste et puissant camp retranché, de nature à enlever à l'ennemi toute velléité d'attaque; il fallait sauver l'armée serbe. Or, juste à ce moment-là, la collaboration solidaire et tout à fait efficace des marines alliées, française et anglaise, devait nécessairement être diminuée à cause du service imposé par la base de Salonique. Les torpilleurs, les seuls propres à ces entreprises, furent soumis à un travail très dur; mais ce qui devait se faire fut fait. Le corps d'occupation traversa l'Adriatique, comme la traversèrent ensuite des compléments et des réserves. La base navale de Valona fut constituée, ce qui signifie que tout, depuis les débarcadères jusqu'aux grands dépôts de vivres, de munitions et de combustibles, depuis les canons jusqu'au matériel pour les chemins de fer Decauville, pour les stations de vedette sémaphoriques et radiotélégraphiques, depuis les machines nécessaires pour la construction des routes jusqu'au plus modeste matériel, tout ce qui fait qu'on ne peut plus aujourd'hui reconnaître Valona, tout fut d'abord préparé en Italie et puis transporté. On constitua la base provisoire de Durazzo, à travers laquelle on pourvut au transport de l'armée serbe, des réfugiés serbes, des prisonniers autrichiens qui — dans des conditions épouvantables qui n'avaient plus rien d'humain, portant le germe de maladies destructives, — avaient été traînés jusqu'à la mer. Ces derniers aussi furent sauvés, et, pour les sauver, beaucoup d'Italiens perdirent la vie.

Chaques armée a de vastes magasins d'approvisionnements de toute sorte, d'une grandeur qui dépasse toute imagination. Voici trois détails bois pour baraques, skis et brouettes.

fin de février, c'est-à-dire en moins de trois mois. Dans ce temps, et plus précisément du 12 décembre 1915 au 22 février 1916, on transporta de la côte albanaise à Corfou 130.841 hommes de infanterie, 4.100 à Bizerte, et, avec eux, 11.651 réfugiés et malades. 87 voyages, de Saint-Jean de Médua à Durazzo, à Valona, furent effectués, pour ce transport, par une flotte qui comptait 6 grands vapeurs italiens de passagers et 2 croiseurs auxiliaires français, 6 grands navires hôpitaux, dont 3 italiens, 2 petits navires hôpitaux italiens et 34 vapeurs moyens et petits, dont 15 italiens.

Du 16 décembre 1915 au 12 février 1916, on pourvut au transport, de Valona à l'Asinara, des prisonniers autrichiens : 22.928 hommes.

Il fallut 15 voyages avec 13 vapeurs, dont 11 italiens. Le choléra éclata, d'une façon très violente, à bord des deux vapeurs italiens « *Re Vittorio* » et « *Cordova* », qui eurent 300 morts chacun.

Du 1er mars 1916 au 5 avril 1916, on transporta enfin, de Valona à Corfou, la cavalerie serbe : 13.068 hommes et 10.133 chevaux; cela fit 17 voyages, avec 6 grands vapeurs, dont 3 italiens.

Qu'on ajoute à ces chiffres ceux qui regardent tout le mouvement complexe, exclusivement italien, pour le transport d'hommes, de quadrupèdes et de matériel, des côtes italiennes, à la côte albanaise, pour le corps d'expédition, et on pourra apprécier le grand effort accompli par la marine italienne et la soumission de la flotte adversaire. L'ennemi, profitant de la base navale de Cattaro et pouvant exercer une

300.000 quintaux de matériel, de vivres et de fourrage furent ainsi transportés, en utilisant 100 vapeurs, de la moitié de décembre à la surveillance aérienne continuelle, tenta souvent d'entrer en action avec des escadrilles de contre-torpilleurs, appuyés par des éclaireurs et par des croiseurs, abandonna des mines aux courants, conduisit à fond 13 attaques de sous-marins, faciles à effectuer, car nos navires suivaient des routes obligées dans un espace d'eau restreint; mais, chaque fois, il fut repoussé ou battu, et pas un seul soldat serbe ne périt dans la mer.

La défense des côtes.

Il restait donc l'action de rapide offensive pour caractériser la tâche réduite de la flotte autrichienne, qui, pour l'exercer, avait adopté une nouvelle unité tactique de modestes proportions, constituée par l'union du torpilleur avec le sous-marin et avec l'avion. Les conditions de la côte orientale favorisaient l'emploi de la nouvelle unité tactique, qui, étant donné la renonciation fondamentale faite par la flotte autrichienne, avait été conçue avec une opportunité d'adaptation des moyens au but. L'apparition de cette unité fut la réponse négative définitive que la marine autrichienne fit aux invitations renouvelées de la marine italienne de sortir pour se mesurer dans le combat.

Il était donc nécessaire de pourvoir à la défense des côtes pour empêcher ou réduire au minimum les incursions adversaires, sans soumettre à une usure destructive les torpilleurs et les navires de reconnaissance. Le problème eut, pour les conditions malheureuses de la côte italienne, une solution heureuse : la création des trains armés. La ligne de chemin de fer de l'Adriatique qui court le long de la côte basse n'a pas à franchir de notables

Dans les magasins d'une armée : trois petits points de vue différents : rails de chemins de fer portatifs, rouleaux de fils de fer, caisses de munitions.

Toujours dans les domaines de l'Intendance : un magasin de pâte, une blanchisserie, une étable de vaches laitières.

d'offensive limitée et assurer, en même temps, un nombreaux groupement de bouches à feu, dans le cas où il serait nécessaire de s'opposer à des actions de proportions plus considérables. Entre la fin de 1915 et les premiers mois de1916, on pourvut avec activité à la constitution des trains armés qui, appuyés à l'excellent réseau sémaphorique, constituent des noyaux d'artillerie de côte et antiaérienne, propres à s'opposer efficacement à l'action de la nouvelle unité tactique ennemie.

La possibilité de faire des incursions ayant encore été réduite par suite de cette défense, la marine autrichienne a dû souvent se contenter de bombardements seulement aériens, dont la plus grande et la plus illustre victime a été Venise. Comme réponse, la marine italienne a accompli de hardies incursions, qui sont désormais des titres d'honneur pour nos navires légers.

Navires italiens dans les ports italiens de l'ennemi.

Le 12 juin 1916, un contre-torpilleur, le *Zeffiro*, a l'ordre de bombarder le hangar du port de Parenzo, la très italienne ville istrienne. Mais, pour mieux remplir sa mission et laisser un souvenir de cette entreprise à la population qui attend la liberté et l'union à la patrie, le contre-torpilleur, avant d'ouvrir le feu sur le point de mire qu'il veut identifier à la perfection, de manière à éviter tout dégât à la ville, entre résolument dans le port, bravant

différences de niveau; c'est pourquoi une opportune dislocation de trains armés pouvait rendre possible une prompte réponse à des actions

A peine derrière les lignes de combat sont cachés les projectiles à bombardes, à employer d'instant en instant. Dans les usines italiennes, on en produit par dizaines de mille par jour, tandis que d'autres usines, disséminées dans les solitudes les plus cachées, fabriquent tous les jours des centaines de tonnes d'explosifs pour la charge, et d'autres les détonateurs pour l'allumage. Les chimistes italiens ont inventé des explosifs d'une très grande puissance, qui ont même été cédés aux Alliés, en quantités considérables.

toute surveillance et le tir des batteries de la côte.

Il s'approche même du môle, comme s'il était chez lui, et comme il y a sur ce dernier trois soldats autrichiens qui montent la garde, l'istrien Nazario Sauro, qui est à bord du *Zeffiro* — celui que l'Autriche pendra deux mois après — les invite à ramasser l'amarre. Le torpilleur s'approche, Sauro et quelques marins sautent à terre : les soldats autrichiens comprennent enfin qu'ils se trouvent en face de l'ennemi. Deux fuient précipitamment, le troisième est fait prisonnier à bord. Cependant, on laisse à terre des sacs de proclamations, annonçant les victoires des Alliés, et le *Zeffiro* s'éloigne. Les batteries de la côte ouvrent le feu; mais le contre-torpilleur répond en frappant, avec une précision mathématique, le hangar qui est détruit.

Déjà, le 28 mai 1916, un torpilleur était entré pendant la nuit dans le port de Trieste, franchissant toutes les défenses et échappant aux faisceaux projecteurs, et torpillait en plein un gros vapeur qui y était ancré. L'explosion trouva un écho dans tous les cœurs italiens qui souffrent dans l'attente.

Mais, dans la nuit du 2 novembre, un torpilleur italien accomplit l'action la plus audacieuse : il viole toutes les défenses de la grande base navale de Pola. Accompagné et soutenu par deux autres, il passe inaperçu dans le canal de Fasana, entre les îles Brioni et la côte. A l'entrée du port, il laisse les deux autres et avance seul, avec précaution, tandis que les réflecteurs s'allument et s'éteignent et que les vedettes des batteries s'appellent.

A bord, on connaît le mot d'ordre; mais on préfère ne pas se faire entendre. La difficulté la plus grave à surmonter est celle des réseaux, des câbles métalliques, tendus pour empêcher le passage. Le torpilleur est muni d'un appareil pour abaisser ces barrières; mais, une fois la route faite, il faut la laisser ouverte pour le retour, certes plus difficile que l'aller. Voilà que là où la route a été un peu ouverte, le torpilleur laisse, avant d'entrer dans le port, un bateau minuscule avec un seul homme, qui restera là en silence, pour attendre peut-être la mort. Puis il entre dans le port et choisit son objectif : un grand cuirassé. Mais les deux torpilles lancées sont arrêtées par une multiple rangée de réseaux qui protègent solidement le navire, con-

La plus audacieuse construction pour la guerre aérienne est italienne : le *triplan Caproni,* qui est désormais connu et admiré dans le monde entier.

Ce type, qui, dès ses premières formes, fut à l'avant-garde de la navigation aérienne mondiale de guerre, fut cédé comme modèle aux Alliés, afin qu'ils en munissent leurs fronts. Ce sera probablement cet avion qui traversera le premier l'Atlantique, renouvelant dans le ciel la gloire de Colomb.

damné à l'immobilité la plus parfaite. Le torpilleur est devant l'impossible, et il prend le chemin du retour. Il retrouve le bateau avec l'homme qui attend, ferme, immobile, son couteau serré entre les dents. Enfin, on donne l'alarme, et, quelques instants après, on voit s'allumer les lumières des projecteurs et des détonations : la défense se réveille. Le lendemain, les Autrichiens avouent la hardiesse italienne, en annonçant qu'ils ont trouvé les deux torpilles dans le port de Pola. La nuit suivante, les torpilleurs italiens, après avoir déjà violé d'autres fois le port de Durazzo, désormais bien protégé, y entrent une quatrième fois, y coulent un gros transport de guerre et s'en retournent sains et saufs.

Histoires des sous-marins.

Ce sont des épisodes d'aventures d'une lutte assidue, constante, obscure, à laquelle, comme toutes les autres marines alliées, la marine italienne est contrainte pour défendre la domination de la mer contre l'embûche ennemie : la principale est celle de la lutte sous-marine. Après les premiers secours envoyés par l'Allemagne, après avoir hâté et multiplié les constructions de sous-marins -- l'arme fondamentale des marines des Empires du Centre — l'Autriche a pris part fortement, elle aussi, à la lutte et a dû en subir les pertes. Des unités autrichiennes et allemandes ont été coulées dans les combats avec les navires italiens dont la flotte compte même aujourd'hui le sous-marin allemand « U. C. 12 », pris et reconstitué. D'autres unités ont été perdues silencieusement; on ne peut en compter le nombre; on ne peut en dire le nombre exact. Ce sont des histoires obscures et sinistres. On peut en rappeler une. A l'aube du 17 octobre 1916, un sous-marin autrichien, de construction allemande, l' « U. 16 », sorti cinq jours auparavant, en croisière, du port de Cattaro, découvre un vapeur italien, le *Bormida,* qui s'avance de la côte albanaise. Il est accompagné d'un torpilleur. L' « U. 16 » se prépare à l'attaque; mais, lorsqu'il est prêt à agir, le torpilleur italien le découvre. Par une

Les dirigeables de la Marine italienne sont parmi les plus parfaits, et font un service précieux, en accomplissant d'admirables *raids* sur le territoire ennemi : ils ont porté plusieurs fois les trois couleurs resplendissantes du drapeau national dans le ciel d'Istrie et sur les côtes dalmates ; aux populations qui vivent dans le désir et dans l'attente ils ont lancé la parole d'amour de la Mère ! Sur les travaux militaires des ennemis ils ont fait tomber, du haut des nacelles invincibles, des tonnes d'explosifs.

manœuvre rapide, il s'interpose entre le sous-marin et le vapeur qui est chargé de troupes. La première torpille lancée par l'« U. 16 », et dirigée sur le *Bormida,* frappe au contraire le contre-torpilleur, le *Nembo.* En même temps, le vapeur, ainsi sauvé, fait une habile manœuvre et dirige sa proue sur le sous-marin pour l'éperonner. Le choc se produit avant que l' « U. 16 » puisse lancer sa deuxième torpille. Le sous-marin frappé devient ensuite l'objectif de l'artillerie du *Nembo,* qui, avant de couler, non seulement réussit à décharger ses canons tout prêts, mais encore atteint, lui aussi, le sous-marin et le frappe avec des bombes. Le *Bormida* pourvoit rapidement au sauvetage de l'équipage du *Nembo,* puis il reprend sa route. Mais un officier et trois marins italiens restent dans la mer, s'attachant à des débris. Ils cherchent à s'orienter, à s'approcher de la rive, lorsque, tout à coup, une chaloupe passe à une petite distance : elle porte quatorze survivants du sous-marin autrichien.

Ils invitent les Italiens à se constituer prisonniers et à entrer dans la chaloupe. L'officier et les trois marins refusent. Les Autrichiens, plus préoccupés de se sauver que d'autre chose, naviguent à force de rames vers la terre. Après six heures d'une lutte épuisante, les naufragés aussi touchent la terre : la terre albanaise occupée par les Italiens.

Après avoir sauté sur le rivage, ils cherchent de nouveau à s'orienter et parcourent une petite étendue de la côte, lorsqu'ils aperçoivent une chaloupe vide tirée à sec; ils la regardent, ils croient la reconnaître : c'est la chaloupe des Autrichiens. Ils ont donc débarqué, eux aussi, ils se trouvent, eux aussi, sur la terre italienne. Alors, l'officier et les trois marins, déchirés, épuisés, n'ont qu'une seule pensée : faire les Autrichiens prisonniers. Et ils organisent la chasse. Le soir, les quatorze hommes de l'« U. 16 », qui avaient déjà changé leurs uniformes contre des habits des gens du pays, sont faits prisonniers.

Voilà un récit. Bien d'autres pourront être faits plus tard. Aujourd'hui, la marine italienne, comme les marines alliées, a presque besoin de supprimer l'épisode brillant, car sa lutte contre l'embûche sous-marine ne doit pas cesser un instant. Et elle ne cesse pas. Depuis le jour où les Empires centraux ont multiplié l'embûche,

Un rayon d'une des nombreuses usines italiennes d'aéroplanes. Le développement miraculeux de cette industrie est l'orgueil des combattants du ciel, la terreur de l'ennemi qui a pu expérimenter la hardiesse de l'aile puissante. Les appareils, qui connaissent la voie de l'« autre rive » contéstée et qui y ont déjà porté la parole de la Patrie, sont préparés par le travail ininterrompu de milliers d'ouvriers qui peuplent les vastes et bruyantes usines.

croyant frapper l'Entente à mort, la marine a multiplié la défense, la défense non seulement de son trafic, qui assure la vie, la résistance et l'efficacité guerrière, mais encore des communications de la mère-patrie avec les corps d'occupation d'outre-mer, avec les îles de la mer Egée, avec les colonies : la Libye, l'Erythrée et la Somalie. L'œuvre obscure multipliée qui a dû se fonder sur toute une expérience nouvelle, qui a obligé la flotte à une action détaillée, fébrile, sans élan, a trouvé la marine italienne prête et disciplinée, comme elle l'a trouvée prête à toute la vaste organisation des bases navales, au nouvel emploi des moyens aériens : dirigeables et hydravions.

Lorsque quelques navires de la flotte autrichienne cherchèrent, au mois de mai dernier, une action de surprise contre un de nos convois qui traversait le canal d'Otrante, ils purent chanter victoire, en un premier moment où ils attaquèrent et coulèrent un de nos torpilleurs, qui était seul; mais, atteints par des forces italiennes et alliées, ils eurent des pertes très graves, parmi lesquelles un éclaireur du type *Novara*, qui avait le commandement de la petite escadre, et deux contre-torpilleurs.

Quelques jours après, comme la bataille faisait rage sur le Carso, nos moniteurs, armés de 381, purent, avec l'appui d'autres unités, prendre part au combat et frapper l'arrière de la gauche ennemie, sans qu'un seul navire autrichien osât sortir de Pola. On scellait ainsi, dans une affirmation nouvelle de domination de la mer, la fraternité d'armes entre l'armée et la flotte, qui avait trouvé son point de contact dans l'admirable organisation de la défense des côtes, de Porto Buso à Monfalcone, et avait eu des épisodes significatifs, comme la participation à la lutte sur le Carso des artilleurs de l'*Amalfi*, après que le beau vaisseau avait été torpillé dans la haute Adriatique.

On a compté jusqu'à 260 appareils qui ont pris part en même temps à de nombreuses batailles, pendant plusieurs jours de troupe.

La création industrielle et l'effort financier.

La guerre mécanique et la mobilisation industrielle.

NOURRIR, vêtir, armer une armée de plusieurs millions d'hommes, créer et maintenir le ravitaillement, soit au front, soit au delà des mers, pourvoir enfin à toute la logistique de la guerre moderne, tout à fait vorace en moyens de toute espèce : voilà un autre aspect de l'effort accompli par l'Italie, qui s'est mise en état de pourvoir, par ses forces, à l'industrie de sa vaste guerre.

Dans cet effort encore, les difficultés qu'on a dû surmonter ont été plus considérables que pour tout autre belligérant. L'Italie a dû apprendre à ses dépens, comme les Alliés de l'Entente, que n'importe quelle phase d'opérations dépassait les prévisions en besoins de moyens mécaniques, principalement de canons et de munitions. Du reste, l'Allemagne elle-même, qui, en préparant le type mécanique de la guerre dont elle croyait tenir le secret, avait organisé sa formidable industrie pour une rapide mobilisation de guerre, se trouvant devant la prolongation imprévue de la guerre et constatant les gigantesques exigences des opérations offensives et même des opérations défensives, a été obligée d'accomplir un effort plus considérable sur son organisation précédente. On comprend donc que les puissances de l'Entente aient toujours dû se surpasser elles-mêmes, tandis que l'on combattait, et que l'Italie ait été soumise à la même loi.

Mais pour fournir la logistique de guerre, l'Italie n'avait ni la formidable organisation industrielle de l'Angleterre, ni la forte organisation industrielle de la France, ni encore moins l'organisation industrielle extraordinaire dont disposent aujourd'hui les Etats-Unis. Son industrie était en formation; l'industrie sidérurgique et métallurgique en particulier, fondamentale pour la guerre, devait surmonter de grandes difficultés, surtout celles de la pauvreté en charbon et en acier. Lorsque la guerre européenne éclata, l'Italie importait de l'acier, des machines, des objets en métal; le principal pays d'importation était l'Allemagne, qui avait même fourni, en temps de paix, du matériel de guerre, principalement des canons. Pendant la neutralité,

Les appareils aériens autrichiens abattus se comptent par dizaines : il suffit de lire la liste glorieuse des « as » italiens. Voici les restes d'un hydravion (K. 222) abattu sur le chemin de retour de l'une des habituelles incursions peu glorieuses sur le littoral de l'Adriatique sans défense.

la gravité du problème commença à se dessiner, et on songea aux industries du pays, convaincus désormais de la nécessité qu'une guerre ne peut se faire que si elle s'appuie sur une propre production directe.

C'est seulement lorsque la guerre fut déclarée, au mois de mai 1915, que la dure expérience commença à s'imposer d'une façon urgente et inexorable, qu'on mesura l'importance de l'appareil de guerre nécessaire pour vaincre un ennemi non seulement extraordinairement armé, mais placé dans des positions naturellement formidables, de nature à briser tout élan, et que toute prévision apparut énormément inférieure au besoin, qu'on dut alors affronter le problème. L'industrie italienne dut se multiplier et se créer, produire les machines pour les nouvelles tâches, augmenter la main d'œuvre, la former et l'organiser, distribuer avec discernement le charbon et les matières premières, dont l'approvisionnement devenait tous les jours plus difficile par suite du prix élevé des frets et par suite du manque de tonnage. Elle dut affronter la production nouvelle ou même la création de nouveaux instruments de guerre, et lorsqu'elle s'était préparée à faire dix, elle dut s'apercevoir qu'il était encore peu de faire vingt. Ce qui, en Angleterre, en France, avait été un problème de transformation et de multiplication, vu que le corps industriel existait déjà et qu'il s'agissait de le faire agir d'une façon déterminée et d'en accroître l'effort, fut encore en Italie un problème de création. Et non pas de création sereine, car l'aliment principal du corps industriel à former était lui-même l'objet d'un autre effort à accomplir : l'effort nécessaire pour obtenir le charbon qui manque en Italie.

Eh bien, tout ce qui devait être fait a été fait, car on a considéré le devoir plus que la possibilité.

Pour régler, dominer, coordonner toutes les activités déjà existantes et celles qui étaient à créer, on fit, au mois d'août 1915, la mobilisation industrielle, sous la dépendance du sous-secrétariat des Armes et Munitions, transformé aujourd'hui en Ministère. Pour la première fois, grâce à cette dernière, l'Etat se mit, sous la nécessité de la guerre, en contact avec l'industrie. Il fallut vaincre des défiances tant de la part des industriels que de la part des ouvriers. Mais elles furent vaincues, car on comprit que la discipline était essentielle pour cette œuvre colossale, et parce que le nouvel organe fut conçu et mis en action d'après des critériums simples, sans froissements bureaucratiques.

Les escadrilles d'hydravions de la Marine royale italienne comptent parmi les plus formidables de toutes les Nations belligérantes. D'une audace sans égale, toujours prêtes à la voix impérieuse du devoir, elles ont accompli des entreprises légendaires. Elles connaissent le chemin de Trieste, de Pola, de Fiume, et y ont plusieurs fois frappé à mort les usines et les défenses militaires de l'ennemi, respectant, avec un soin jaloux, les habitations et les populations civiles.

Le problème à résoudre était une somme de problèmes particuliers, dont chacun avait une grande importance et de grosses difficultés à surmonter. Il fut affronté avec d'autant plus de vigueur qu'il se présentait plus complexe et même contradictoire. La mobilisation industrielle a dû organiser la production et pourvoir en conséquence au développement de la fabrication des machines-outils, assurer les moyens de production des industries sidérurgiques pour augmenter la production de l'acier qui était, avant la guerre, environ le dixième de la production anglaise, le sixième de la production russe.

Elle a dû faire un compte exact de toutes les forces des sociétés électriques, pour organiser l'aide mutuelle en cas de diminution de forces dans quelques-unes de ces dernières et afin de pourvoir à une meilleure utilisation de l'énergie électrique. La régularisation des transports de chemins de fer intéressant les établissements, la distribution rationnelle et contrôlée des combustibles de toute espèce, le recrutement et l'assignation de la main d'œuvre, constituant une autre armée, la récolte des débris métalliques ont été d'autres problèmes parmi les nombreux problèmes affrontés et résolus par la mobilisation industrielle. La discipline militaire, introduite comme juste fondement de la vie des établissements de guerre, militaires ou auxiliaires, a rendu plus facile la tâche de régler les questions économiques, dont la solution a été confiée à des commissions mixtes, composées de représentants des industriels et des ouvriers, qui ont prononcé des verdicts justes et fondés.

En deux années, l'industrie italienne se surpasse elle-même.

Grâce à la mobilisation industrielle, on a vu s'unir peu à peu aux établissements militaires proprement dits les établissements auxiliaires, c'est-à-dire les établissements de l'industrie privée, engagés pour la production du matériel de guerre. A côté de ce groupe ordonné et discipliné, des établissements de moindre importance, dominés, eux aussi, par la mobilisation

Les escadrilles des sous-marins italiens n'eurent vraiment pas un large champ d'action! Les vaisseaux de guerre autrichiens se sont renfermés dans leurs ports bien défendus, reconnaissant ainsi à notre Marine nationale la domination de la mer.

Les sous-marins — nous avons ici la photographie d'une de leurs bases — ne peuvent faire qu'un service de police.

industrielle, ont été fondés, toujours pour la production du matériel de guerre et principalement pour celle des projectiles.

En 1915, tandis que nos soldats suppléaient par leur héroïsme au manque de moyens mécaniques, tandis que l'expérience de la guerre de tranchées obligeait à ajouter aux grosses artilleries de longue portée les armes défensives et offensives des combats du moyen âge, comme les bombardes, les lance-flammes, les grenades à main, les casques, les boucliers, l'effort industriel passa rapidement de la phase d'organisation à celle de développement; l'une et l'autre furent même simultanées.

A la fin de l'année, en effet, on pouvait déjà constater une notable augmentation, dans les deux derniers mois; l'armée des ouvriers comptait environ 200.000 hommes et les établissements auxiliaires arrivaient à 300. Mais, comme on s'était désormais rendu compte de la nécessité de s'armer pour une guerre longue et difficile, l'effort, pendant la phase d'hiver et dans les six premiers mois de 1916, fut de telle nature que les établissements auxiliaires arrivèrent à 800, et cet accroissement fut soutenu par l'augmentation de la main d'œuvre, qui désormais n'était que de peu inférieure au chiffre de 350 mille travailleurs.

Comme cet accroissement ne suffisait pas encore pour les besoins de la production, mais qu'il suffisait seulement pour persuader que l'on pouvait et que par suite on devait faire davantage, la mobilisation industrielle s'occupa, avec un redoublement de vigueur, d'un autre problème important : l'organisation de la main d'œuvre féminine.

A la fin de 1916, les résultats étaient de nature à autoriser la confiance la plus certaine. Les établissements auxiliaires atteignaient le nombre de 1.000! L'armée des travailleurs atteignait le nombre de 500.000; les femmes étaient au nombre de 70.000 environ. On avait constitué des écoles de tourneurs pour les militaires impropres aux services de guerre et pour les femmes; en outre, on avait multiplié les établissements non auxiliaires. Mais il fallait encore aller plus loin, et on y est allé.

Au printemps de 1917, au deuxième anniversaire de la guerre de l'Italie, les chiffres qui, pendant que nous écrivons ces lignes, ont

De temps en temps, on voit s'accroître le nombre des sous-marins italiens : en voici un autrichien, renfloué par nos marins, qui sera réparé et inscrit dans les rôles de la Marine nationale. Une espèce de réhabilitation : il ne sera certes plus employé pour commettre des crimes !

déjà été dépassés par l'effort continuel, indiquaient quelle œuvre magnifique avait déjà été accomplie.

À 66 établissements militaires s'étaient ajoutés 1352 établissements auxiliaires, dont quelques-uns très puissants, en tout 1418 établissements, auxquels il faut ajouter 1200 établissements moindres, non auxiliaires. Plus de 530.000 ouvriers, entre militaires, exemptés et non militaires, travaillaient dans ces établissements. La main d'œuvre féminine qui, le 31 octobre 1915, deux mois après la mobilisation industrielle, ne comptait que 6.000 ouvrières, en comptait au contraire 90.000. En quinze mois, la masse s'était augmentée quinze fois plus.

La production de guerre.

Cette puissante organisation produit tout : les canons de 381 et de 305, les mortiers de 260 et de 210, l'artillerie de moyen calibre, 152 et 149 ; les canons de 105 et de 102, qui marquent le passage au petit calibre ; les 75, les 65, la petite artillerie antiaérienne sortent des usines italiennes, qui produisent même les projectiles pour toute cette artillerie. Tous les mois, ce sont des centaines de canons et des centaines et des centaines de milliers de projectiles. Les bombardes de tous les modèles, qui produisirent un si nouveau et si terrible effet dans la victoire de Gorizia, les mitrailleuses, les fusils, les bombes à main, les cartouches, les casques, les boucliers et toutes les espèces d'engins de défensive et d'offensive se multiplient dans la production. Au printemps de 1916, la production des mitrailleuses était déjà huit fois celle des premiers mois de 1916 ; celle des bombardes de tranchée était sept fois plus considérable, celle des fusils cinq fois plus considérable, celle des canons trois fois plus considérable.

Mais les usines italiennes pourvoient aussi à tous les moyens de transport, principalement aux fourgons-automobiles, dont la production dépasse les besoins de l'armée et fournit aussi les Alliés ; à tous les divers matériels d'artillerie et de génie ; au matériel de forts et gros travaux pour les sapeurs, au matériel délicat des appareils électriques, télégraphiques, téléphoniques, optiques. Elles pourvoient à la cons-

Comme l'Armée, la Marine italienne a salué avec une grande joie la déclaration de guerre de l'Italie à l'Autriche. Elle espérait pouvoir se battre avec l'ennemi arrogant qui avait osé donner le nom de «Novara» à un de ses croiseurs, et qui, pendant cinquante ans, avait parlé avec ostentation de la journée de Lissa.

truction des torpilleurs, des mines, des torpilles; elles soutiennent enfin tout l'effort de la guerre aérienne, dans laquelle l'Italie a affirmé sa supériorité sur l'ennemi.

La construction des dirigeables de modèle semi-rigide, inventé et perfectionné par les Italiens, a été intensifiée, de manière à pouvoir doter l'armée aussi bien que la flotte de ce puissant moyen d'offensive aérienne, auquel l'Autriche n'a pu rien opposer de semblable.

Mais surtout, l'effort le plus considérable a consisté dans la production des aéroplanes. Lorsque la guerre éclata, l'industrie de l'aviation était presque nulle; aujourd'hui, par contre, quatre-vingt-dix établissements travaillent pour l'aviation; ils sont capables de fournir l'appareil complet dans toutes ses parties. On a reproduit et on a créé, de manière à assurer à notre flotte aérienne des appareils de bombardement d'une puissance extraordinaire, comme n'en a aucun autre belligérant. Au printemps de 1917, la production a déjà été le triple de celle de l'année précédente, et la capacité productive augmente encore.

En effet, dès maintenant, l'aviation assure, par des essais qui ont heureusement réussi, son utilisation en temps de paix; d'ailleurs, on a fait des expériences pour le transport de la poste sur le continent, et entre le continent et les îles.

Les chemins de fer pour la guerre.

Dans l'effort industriel, on doit aussi comprendre la vaste œuvre accomplie par les chemins de fer de l'Etat, qui comprennent le plus grand réseau d'Europe soumis à une direction unique.

La première opération d'une importance fondamentale fut la mobilisation de l'armée; mais cette dernière fut suivie d'une deuxième, d'une complexité plus grande, constituée par tout l'énorme mouvement d'hommes, de matériel, de vivres, de toute sorte d'approvisionnements qu'entraîne la vie d'une armée au front. En effet, pendant l'année 1916, l'intensité des transports militaires journaliers dépassa de 15 % celle de la période de la mobilisation. En 1917 elle arriva, en comparaison de cette même pé-

Mais l'esprit de Tegethoff — invoqué par le défunt empereur d'Autriche au début de la guerre — est allé se renfermer au fond des ports militaires bien protégés! Il ne reste plus à notre superbe Flotte qu'à labourer, en formation de bataille, du nord au sud, de l'est à l'ouest, l'Adriatique encore pour un peu de temps « très amère », mais dès aujourd'hui toute italienne, libre de toute trace de vaisseau autrichien.

Après la « croisière » pendant laquelle elle a en vain lancé plusieurs fois un défi à la flotte ennemie, notre Escadre retourne à sa base.

riode, presque au 30 %. Les difficultés à surmonter ont été graves. D'abord, celle qui provient de la configuration du pays, imposant de longs parcours dans le sens de la longueur pour faire affluer, de tous les centres italiens, ce qui est nécessaire pour l'armée, amassée au front oriental. Et la longueur n'est pas tout; il faut encore franchir de très notables différences de niveau, étant donné que la ligne sur laquelle on a dû, par nécessité de défense, accumuler le trafic, la ligne qui longe la mer Tyrrhénienne, pour déboucher dans la plaine du Pô, doit franchir la barrière des Apennins.

Toutefois, les chemins de fer de l'Etat ont pu affronter tous les problèmes imposés par le transport des troupes, des réservistes, des recrues, des blessés et des malades, des prisonniers de guerre, des armes et des munitions, des vivres, des vêtements, des énormes masses de matériel nécessaires, non seulement pour l'armée au front, mais encore pour les corps d'occupation d'outre-mer. De plus, ils ont pu se charger d'importants transports de troupes et de matériel des Alliés, de passage en Italie pour se rendre en Macédoine. Ainsi, jusqu'à la fin de 1917, il résulte qu'on a transporté par le chemin de fer 17 millions de soldats et officiers, 1 million et demi de quadrupèdes et 4 millions de wagons pour matériel et marchandises d'intérêt militaire, avec des maxima mensuels qui ont atteint 900.000 hommes et 200.000 wagons. Cela signifie que, sur beaucoup de lignes, le mouvement journalier est supérieur à 100 trains, que, sur quelques-unes, il a atteint et dépassé le chiffre de 120, et que, dans les gares d'un trafic plus intense, on compte journellement 300, 320 ou même 350 trains.

L'adaptation de wagons et de fourgons s'est imposée pour la constitution de trains sanitaires, qui ont dépassé de deux tiers environ le nombre prévu en temps de paix; pour la constitution des trains armés employés pour la défense des côtes; pour la constitution des wagons frigorifères propres au transport de la viande congelée, dont on a transporté plus de 100.000 tonnes dans un espace de temps relativement restreint. Avec tout cela, les chemins de fer de l'Etat ont soutenu l'augmentation de transport des charbons, du matériel nécessaire pour les industries, en garantissant aussi la répartition équi-

Sur l'autre rive, pour la défense de ses droits imprescriptibles sur la mer et sur les terres que Rome d'abord, et ensuite la République Sérénissime eurent sous leur domination, et qui gardent intactes les traces de la mère patrie italienne, l'Italie a hissé son drapeau tricolore. Il veille, dans la vaste rade, les vaisseaux, superbes de force et de beauté.

table des approvisionnements alimentaires, et principalement des céréales, et en se chargeant de la partie du trafic qui était faite, avant la guerre, par la navigation de l'Adriatique. Ils ont réduit, sans limitations préjudiciables, le trafic des voyageurs. En effet, les produits du trafic, pendant le premier exercice de guerre, c'est-à-dire en 1915-16, ont été de L. 758.657.788, dont L. 221.589.088 dus aux transports militaires, avec une augmentation de 183 millions sur l'exercice précédent. L'augmentation s'est élevée dans l'exercice successif 1916-17, qui a atteint 1 milliard et cent millions, dont la moitié seulement pour les transports militaires : on note la tendance à continuer progressivement, à en juger du fait que, pendant le premier semestre de l'exploitation 1917-18, on a atteint une moyenne de produit mensuel de 100 millions, à côté des 48 millions de moyenne mensuelle de l'exercice 1913-14. L'épreuve de résistance faite par le matériel fixe et par le matériel roulant a été très forte, car il a été nécessaire d'obtenir de l'un et de l'autre un rendement exceptionnel, en pourvoyant par la réparation à la manutention de ce matériel, étant donné que l'absorption de l'industrie pour la production de guerre avait retardé ou même empêché la livraison du matériel de la part des fournisseurs. Mais les chemins de fer de l'Etat, en soumettant leurs usines à un travail intensif, n'ont pas seulement réussi à pourvoir à l'œuvre vraiment fébrile de réparation de locomotives et de wagons, mais ils ont pu encore se faire producteurs de projectiles et contribuer en partie avec les arsenaux à compléter et à réparer le matériel de guerre.

La force d'un pays qui n'est pas riche.

Un effort en hommes et en mécanique de guerre comme celui où l'Italie est entièrement engagée, doit être soutenu par un égal effort économique et financier, accompli, lui aussi, pour obéir à une forte règle de conduite, fondée sur la persuasion de conduire la guerre jusqu'à la victoire, sans mesurer les sacrifices avec la possibilité dont les économistes avaient coutume de tenir compte dans leurs calculs effectués avant la guerre.

Le dernier budget italien de paix, qui fut déjà le premier budget de guerre, car il comprit un mois de guerre, c'est-à-dire celui de l'exercice 1er juillet 1914 - 30 juin 1915, avait compté 2.559 millions de lires de recette. Ce chiffre s'était déjà ressenti d'une diminution apportée par les effets de la guerre européenne, et représentait par suite l'ossature solide, soit même un peu décharnée, du budget italien, solide et vraiment significative touchant la discipline d'un des peuples les plus sobres et les plus économes, contribuable le plus soumis, si, seulement quarante-sept ans auparavant, c'est-à-dire en 1868, année qui eut le premier budget du royaume unifié après la guerre de 1866, les recettes s'élevaient à peine à 741 millions de lires. Le chemin parcouru avait été rapide, de nature à donner une confiance forte et sereine dans la puissance de la nation. Mais toutefois, entrer volontairement dans la formidable et terrible coûteuse guerre européenne était une énorme responsabilité, une audace qu'un calculateur prudent aurait pu juger une folie, Eh bien, même dans l'effort économique et financier, l'Italie a montré qu'elle savait dépasser la possibilité par la volonté et par le devoir. Les chiffres parlent clairement.

Un vaisseau de la Marine royale italienne sème des torpilles, pour empêcher la flotte ennemie de tendre ses pièges sur la côte ouverte de l'Adriatique.

Les recettes principales du dernier exercice de guerre 1er juillet 1916 - 30 juin 1917 ont atteint le chiffre de 3.465 millions, avec une augmentation de 901 millions sur l'exercice précédent, de 1.455 millions sur l'exercice de 1914-15.

Cela s'est produit non seulement parce que les entrées ont augmenté par elles-mêmes, mais parce que le contribuable italien, qui supportait déjà un des poids les plus lourds parmi les contribuables d'Europe, a déjà payé 1.182 millions de nouveaux impôts de guerre.

Il a payé avec discipline, ponctuellement, acceptant le sacrifice d'une augmentation d'impôts qui, en deux années de guerre, a été de plus d'un tiers des charges précédentes, parce que ce sacrifice signifie la solidité assurée au budget italien. Il signifie qu'avant de contracter les dettes nécessaires pour faire face aux dépenses de la guerre, on a assuré au budget les moyens d'en payer les intérêts, les moyens d'être ponctuels tant à l'intérieur qu'à l'étranger.

Ainsi faisant, l'Italie a pu pourvoir aux dépenses de la guerre, qui, commencées dans la période de la neutralité, sont allées en augmentant avec une rapidité continuelle, jusqu'à

Non contents de mettre en sûreté l'armée poursuivie, sur trois routes, par l'ennemi, les vaisseaux italiens ont aussi transporté en Italie les milliers de prisonniers autrichiens faits par les Serbes. Ces prisonniers sont maintenant concentrés dans une île riante de la mer Tyrrhénienne, et ils ne cessent point d'exalter la générosité de notre race.

atteindre et même dépasser, après deux années de guerre, 35 millions par jour; jusqu'à dépasser, dans cette période, le total de 21 milliards, sans compter toutes les autres augmentations que la guerre, directement et indirectement, a apportées dans les autres dépenses de l'Etat, et qui sont fermement soutenues. Aucune de ces œuvres énormes ne tend à diminuer, de telle sorte que l'on prévoit que, pendant l'année 1917, on atteindra un total de 14 miliards, ce qui signifie qu'on aura dépensé autant que ce que gagnaient tous les citoyens du royaume dans une année, en temps de paix.

La résistance économique de la Nation.

Non seulement les citoyens italiens ont accepté cette charge plus lourde d'impôts que nous avons indiquée, mais ils ont encore pu répondre aux appels de l'Etat pour les emprunts nationaux, donnant, en deux années, environ 7 milliards, avec un crescendo continuel, de manière que le quatrième emprunt a donné 3.800 millions, tandis que le troisième, à la fin de 1915, avait donné 2.500 millions environ. En même temps, on a réussi à n'affaiblir aucune force économique de la Nation. Les banques d'émission, en premier lieu la *Banca d'Italia,* sont dans une position plus que solide et ont pu coopérer avec l'Etat à appuyer les industries, à donner des fonds aux associations des commerçants en céréales pour l'achat du principal aliment de la Nation. Les grandes banques, comme la *Banca Commerciale Italiana*, le *Credito Italiano*, la *Banca Italiana di Sconto*, ont pu, grâce à la confiance des déposants, développer un intense mouvement d'affaires, qui s' appuie sur un portefeuille de 2 milliards environ. Les industries qui ont eu besoin de nouveaux capitaux ont trouvé prête l'épargne privée, si bien que le placement de cette dernière dans les industries s'est quintuplé dans deux ans.

La petite épargne, signe de la sobriété de la masse de la population, n'a point subi pour cela de diminutions, car, en 1917, les dépôts dans les Caisses d'épargne postales ont atteint le chiffre de 3 milliards, avec une augmen-

Toutes les énergies ont été rassemblées par l'Italie, pour sa guerre qui doit être la dernière faite pour son unité et son indépendance. C'est un magnifique spectacle que celui des armées d'ouvriers et d'ouvrières qui se pressent dans les fabriques et dans les usines ; mais c'est un spectacle émouvant que celui qui est offert par les bataillons de femmes des Alpes, qui, à peine délivrées, célèbrent leur réunion à la Mère patrie en transportant, pendant plusieurs kilomètres, de lourdes charges de gravier pour la construction des nouvelles routes dans la zone libérée : elles préparent ainsi, avec un effort égal à leur foi, le chemin à la victoire qui devra rendre à l'Italie toutes ses terres, tous ses enfants !

tation d'un demi-milliard environ sur les dépôts de 1916.

Et lorsqu'on a fait appel pour les Comités d'assistance civile, qui fonctionnent dans tous les principaux centres, pour les œuvres des mutilés et des invalides de guerre, pour la Croix Rouge, les citoyens ont donné d'autres millions. Milan, d'une façon exemplaire, a donné 18 millions, dans les deux années de guerre, pour l'assistance civile seulement. Et lorsqu'on a commencé la récolte de l'or, les citoyens de tout le royaume ont contribué par leurs dons à augmenter la réserve métallique de l'Etat.

Ces chiffres sont inférieurs à ceux de l'effort financier des autres belligérants de l'Entente; mais si on les considère relativement à la précédente puissance économique et financière de l'Angleterre et de la France, on doit alors reconnaître que l'effort de l'Italie est égal, sinon supérieur, à celui de ses Alliés. En effet, tandis que la richesse de l'Italie était, avant la guerre, évaluée, suivant les calculs les plus favorables, à 90 milliards de lires, avec un revenu moyen annuel de 14 milliards de lires, la richesse de l'Angleterre (Royaume-Uni) était évaluée à 450 milliards de lires italiennes, avec un revenu annuel de 56 milliards et 250 millions, et celle de la France, à 285 milliards de francs, avec un revenu annuel de 32 milliards.

Mais il y a autre chose. Depuis deux ans, l'Italie supporte le poids d'un agio sur l'or qui est le plus lourd parmi les belligérants de l'Entente, car les importations ont énormément augmenté par suite des nécessités de la guerre, et les exportations ont augmenté de peu, créant ainsi un déficit commercial qui impose toujours de nouveaux sacrifices. En 1916, les importations, montées à 7 milliards et 700 millions environ, à côté d'un peu plus de 3 milliards en 1914, ont été balancées par 2 milliards et 600 millions environ d'exportations, supérieures de 250 millions seulement aux exportations de 1914. Et si l'on considère que les importations les plus considérables viennent des Etats-Unis et qu'un chiffre notable est donné par celles de l'Amérique du Sud, on doit aussi considérer toute la gravité du problème des transports pour l'Italie, qui a dû se

Mais la barbarie ennemie « ne connaît point de loi », suivant le mot du Chancelier. Les services de la *Santé Militaire* et de la *Croix Rouge* l'ont aussi expérimenté. C'est en vain que, dans les campements où elles accomplissent leurs pieuses missions, on a exposé les grandes croix en signe d'avertissement, pour que les pirates de l'air respectassent au moins la souffrance humaine!

pourvoir, dans les conditions les plus difficiles pour le tonnage, dans les pays les plus éloignés, devant ajouter aux communications océaniques, suffisantes pour l'Angleterre et la France, les communications dans la Méditerranée, beaucoup plus dangereuses que les premières à cause des embûches faciles des sous-marins.

Tout cela signifie, en chiffres, un effort puissant; mais cela signifie aussi, pour la valeur que nous avons pu donner à ces chiffres, un effort qui, pour être serein, pour maintenir sa progression intacte jusqu'au résultat final, pour éloigner la préoccupation et le tourment des menaces de manque de charbon, de blé ou d'acier, doit être fondé et doit se maintenir sur une force de volonté, sur une décision, sur une foi que tout juge serein pourra tirer de l'avidité même des chiffres indiqués, et qui constituent le plus beau titre d'honneur de la nouvelle Nation italienne.

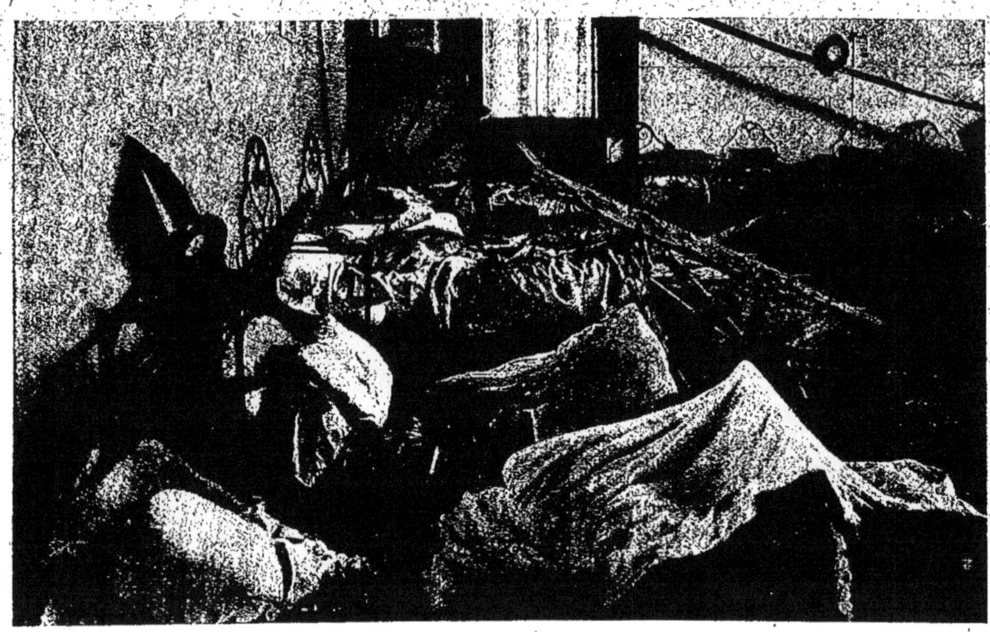

Voici un document photographique de l'œuvre sans gloire accomplie par l'un de ces derniers sur un hôpital de Venise, le 14 août 1917!

Toute l'Italie pour la victoire.

L'effort victorieux contre un ennemi puissant.

L'ITALIE est ainsi engagée tout entière dans la guerre, avec une force d'hommes, de machines, d'argent, de résistance morale.

Pour constituer son armée, on a appelé tous les hommes valides de 18 à 43 ans, c'est-à-dire 26 classes. D'après le dernier recensement, la population mâle, comprise entre ces deux âges, dépassait le chiffre de 5.300.000. Si l'on considère que, à mesure qu'on remonte dans les années, le rendement de chaque classe diminue rapidement, que la nécessité de maintenir une armée de travailleurs valides et capables soustrait un nombre d'hommes considérable à l'armée combattante, que les pertes en morts, réformés, mutilés, pendant deux années de guerre, ont déjà atteint un chiffre très élevé, les 4 millions d'hommes que l'Italie a aujourd'hui incorporés représentent un effort considérable, sans épargne. L'Italie, à la différence de la France et de l'Angleterre, n'a pu avoir recours à aucun contingent colonial; en outre, non seulement ses expéditions d'outre-mer, en Albanie et en Macédoine, sont entièrement maintenues avec des forces de l'armée de la métropole, mais encore, dans les colonies elles-mêmes, comme en Libye, il a été nécessaire, pour ramener la paix et combattre les forces rebelles alimentées par les Turcs et les Allemands, de maintenir des unités de la métropole, tandis que des unités coloniales françaises et anglaises combattent au front occidental. Cela signifie que l'Italie a dû réduire au minimum les réserves dans le territoire et mettre dans les rangs des combattants le plus grand nombre d'hommes possible, atteignant ainsi un pourcentage qui est le plus élevé parmi les armées belligérantes.

Un membre de la Mission italienne, qui s'est rendu aux Etats-Unis pour porter la réponse du Roi d'Italie au Président Wilson, se basant sur les chiffres de cette œuvre extraordinaire, a pu donner tout de suite une idée claire de l'effort déjà accompli par l'Italie, en faisant connaître aux Américains des Etats-Unis que si eux, qui entraient alors en guerre, avaient dû accomplir un effort pareil à celui de l'Italie, c'est-à-dire proportionné à leur énorme population et à leurs grandes richesses, ils auraient dû, dans les deux années de guerre, former une armée de 15 millions d'hommes environ et réaliser une dépense de 160 milliards.

L'effort italien a été couronné de succès. L'armée italienne, seule parmi les armées de l'Entente, a porté, maintenu longtemps la guerre résolument sur le territoire ennemi.

Le but national et européen de la guerre italienne.

Le résultat militaire de la guerre italienne s'unit ainsi, par la valeur concrète de contribution à la cause de l'Entente, par la forte volonté qui l'a animée, à ces décisions de l'Italie qui, comme on l'a dit au commencement, apparaissent essentielles pour les destinées de l'Entente dans l'histoire du grand conflit encore ouvert : la décision de la neutralité, qui fut le premier élément de l'insuccès du plan allemand et qui permit à la France de réunir toutes ses forces pour la bataille de la Marne; ensuite, la décision de l'intervention, qui eut lieu lorsque les Empires du Centre conduisaient triomphalement la campagne orientale, qui devait éliminer d'une façon décisive leur ennemi de l'est, la Russie. La guerre de l'Italie, profondément nationale, parce que, par tout où ses soldats s'avancent ils délivrent des terres d'une civilisation ancienne, glorieuses de la pureté de leurs origines et de récentes injures autrichiennes, cette guerre est donc intimement unie à toute la guerre de l'Entente contre les Empires du Centre. La cause est la même, car, dans la cause d'un nouvel ordre du monde, délivré de la tyrannie allemande, est comprise, avec les mêmes motifs et avec les mêmes fins idéales, la cause de l'achèvement de l'unité nationale de l'Italie, qui, en libérant des terres entièrement italiennes par le martyre et par la volonté, veut aussi réaliser, avec ses frontières naturelles, terrestres et maritimes, la plénitude de sa sécurité sur terre et sur mer. La vieille Monarchie, ennemie de la liberté et des nationalités, a voulu, elle aussi, indiquer au monde la nécessité du rachat des terres italiennes, en punissant, pendant la guerre, comme de honteux rebelles, les martyrs

Certaines personnes ont proposé que, lorsque la guerre sera finie, on restaure toutes les œuvres d'art que les Autrichiens ont endommagées, avec leurs systèmes de guerre. Non. Puisque personne ne peut faire renaître les œuvres d'art des grands maîtres consacrés par l'histoire, notre effort, ainsi que celui de nos descendants, doit tendre, au contraire, à maintenir intactes les ruines causées par les bombes ennemies.

les plus purs de *l' italianité* opprimée, les trentins Battisti, Filzi, Chiesa, l'istrien Sauro, le dalmate Rismondo, et tant d'autres qui ont trouvé une mort obscure dans les prisons et dans les camps de concentration.

La cause Nationale Italienne est donc une cause européenne si bien que l' Italie combat pour l'Europe en combattant pour elle, et combat pour elle en combattant pour l'Europe, puisque l'ennemi de l'Italie est aussi l'ennemi qui a menacé la civilisation de l'Europe et du Monde.

Ainsi, par exemple, on dira : ici, à Venise, dans les temples de S. Maria Formosa et de S. Jean et Paul, là où le divin pinceau des grands Maîtres avait mis des marques d'une immortelle beauté, on vit passer — aveugle — la rage de la Maison impériale des Habsbourg !

Relevée comme Nation, après une lutte qui aurait voulu une plus longue période de recueillement et de travail pacifique, l'Italie n'a pas discuté son devoir historique de grande Puissance, qui lui a été assigné par sa civilisation millénaire, par sa position centrale dans la Méditerranée, la grande mer de toutes les civilisations. Lorsque le conflit a éclaté, elle a choisi son poste, elle a combattu et elle combat de toutes ses forces, à peine sortie d' une crise de formation, résolument, puissamment, à côté d' Etats puissants contre des ennemis puissants. Elle est ainsi entrée, par son histoire nationale, dans l' histoire du monde, aujourd' hui que le conflit comprend tous les peuples et tous les continents.

Par la vertu et par le sacrifice de cette guerre d'indépendance, après avoir réalisé son unité et sa sécurité, elle assurera le développement de sa civilisation bienfaisante dans l'ordre futur, et elle voudra et pourra être, avec les puissances combattantes, pour un principe élevé de liberté et de justice, l'un des plus grands facteurs de l'avenir.

Saint-Marc, le temple aux coupoles d'or, le plus grand miracle que l'art ait su accomplir pour glorifier la foi... Le voilà dans sa tenue de guerre. Le même soin que les artisans insignes ont mis à travailler les marbres et les bronzes, l'Italie l'a mis à les protéger.

L' "éboulement de Caporetto,,

TOUT ce qui est dit dans les chapitres de cette brochure était, et est, dans l'intention de ceux qui en ont confié la compilation au rédacteur, un récit tout simple, soutenu par des faits et par des chiffres, de deux années de la guerre italienne qui s'est soudée, après les neuf mois de neutralité, avec toute la guerre de l'Entente contre les Empires du Centre. La guerre italienne, la guerre de l'Entente dure encore, tandis que cette brochure paraît beaucoup plus tard que la date qui avait fait arrêter le récit à l'offensive de mai 1917, célébrant le deuxième anniversaire de l'entrée en guerre de l'Italie. Il paraît plus tard, lorsque de nouveaux événements — dont quelques-uns inattendus et qui ont donné un nouvel aspect à ce conflit extraordinaire, qui ne peut pas se réduire seulement à des événements militaires — se sont succédé, graves principalement pour l'Italie. Mais, de même qu'il serait puéril de se cacher et de cacher la gravité des résultats de l'offensive austro-allemande, qui brisa le front italien en partant de la tête de pont de Tolmino, de même il serait extrêmement injuste d'oublier ou d'amoindrir de quelque façon que ce soit ce qui a été fait par l'Armée et par la Nation jusqu'à cette offensive, et qui reste une contribution fondamentale à la guerre de l'Entente. Cette contribution reste intacte, par la vertu de l'Armée qui, après s'être remise de ce rude coup, a su arrêter l'avancée ennemie du Plateau d' Asiago au Piave, improvisant, avec des forces et avec des armes réduites, une courageuse défense sur une ligne considérée comme insuffisante pour une organisation de résistance, contre un adversaire supérieur en nombre et en armes; par la vertu de la Nation, qui, dans la douleur profonde du revers et de l'invasion, a retrouvé de plus fermes et de plus fiers desseins de lutte. Le front italien, dans sa nouvelle ligne, est cependant, aujourd'hui comme hier, une partie essentielle du front de l'Entente, peut-être plus essentielle qu'hier après la défection russe. La Nation italienne, avec son dessein de résister de toutes ses forces à l'invasion allemande vers le sud, est cependant, aujourd'hui comme hier, un facteur principal de l'opposition de l'Entente à l'hégémonie de l'Allemagne. Tout ce qui a été accompli, depuis le premier jour de la déclaration de guerre, ne peut être effacé, si, comme c'est nécessaire et comme c'est juste, la mesure des événements de ce conflit mondial ne peut pas se réduire à des considérations locales et séparées, et si les résultats doivent être en rapport avec l'effort commun, somme des efforts de chacun.

Ce que l'on a fait pour Saint-Marc, on l'a fait pour tous les trésors de l'art italien, dans chaque ville, dans chaque bourgade. Le patrimoine artistique que nous avons reçu en héritage de nos ancêtres est une trop grande partie de nous-mêmes, et nous n'aurions pu le laisser exposé à la barbarie.

La bataille de la Bainsizza.

Les événements principaux qui ont marqué l'année 1917 sont l'intervention des Etats-Unis et la Révolution russe. L'intervention des Etats-Unis, entrés volontairement, comme l'Italie, dans le conflit, a déterminé le caractère mondial de ce dernier; mais, l'année passée, elle n'a pu, pour des nécessités évidentes, donner une contribution militaire égale à l'importance politique et morale de la participation. La Révolution russe, au contraire, en amenant la rapide et violente dissolution de l'armée, d'abord par l'inaction — que vint interrompre l'éphémère offensive de juillet, punie par la violente avancée des troupes des Empires centraux, — puis par la fraternisation, enfin par la défection, a causé le plus grand préjudice militaire à l'Entente, en influant d'une façon sinistre sur la résistance intérieure des peuples par sa propagande antinationale et pacifiste dont l'ennemi a su tirer un large profit. Bien que les maux produits par les dernières phases de la Révolution russe aient atteint une violente évidence, il n'est pas encore possible de mesurer, dans toute sa portée matérielle et morale, le tort qui en est dérivé à la cause de l'Entente, à l'avantage entier de l'ennemi, lorsque le poids de l'intervention américaine ne pouvait pas encore être jeté sur la balance.

L'Italie devait être exposée, autant et peut-être plus que les autres puissances européennes de l'Entente, aux conséquences fatales de la Révolution russe, qui facilitait extraordinairement la tâche de l'armée austro-hongroise au front oriental. Toutefois, après avoir repoussé avec vigueur la violente contre-offensive ennemie des premiers jours de juin, et tout en maintenant dans son intégrité la conquête obtenue au mois de mai, sauf d'insignifiantes rectifications qui, sur le Carso méridional, portèrent la ligne à

Les infirmeries et les pavillons de la Santé Militaire et de la Croix Rouge s'avancent hardiment jusqu'à une faible distance des premières lignes, se cachent dans les ondulations du terrain, s'enfoncent dans le sol, sous la protection de puissants blindages de « sacs de terre ». Tout autour, les grenades sifflent et éclatent ; mais cela ne trouble point l'ordre, dans les infirmeries et dans les pavillons.

l'embouchure du Timavo, l'Armée italienne effectua, dans le même mois et dans le mois suivant, de solides opérations d'organisation, repoussant partout les assauts de l'ennemi qui tenta des essais de notre résistance sur tout le front. Et lorsque, au mois d'août, la certitude de la progressive dissolution rapide des forces russes et du dégagement constaté des forces des Empires du centre, libres d'en disposer sur les autres fronts, aurait pu conseiller une organisation défensive, interrompue de temps en temps par des offensives locales, limitées et de courte durée, le Commandement italien voulut maintenir l'engagement d'une action offensive en grand style, destinée à paralyser la pression austro-allemande sur le front roumain. Le 18 août, on commença, par une grande attaque sur le vaste secteur de Tolmino à la mer, la bataille dite de la Bainsizza, développée par une large manœuvre jusqu'au 8 septembre, terminée par une victoire décisive sur l'ennemi, dont le front fut brisé sur une profondeur maximum de huit kilomètres. 31.000 prisonniers environ, 145 canons et un riche butin de guerre indiquèrent les graves pertes de l'ennemi dans la lutte longue et sanglante.

Aujourd'hui, le territoire disputé de cette bataille où la victoire sourit dans la mort à tant de généreuse jeunesse italienne, est en possession de l'ennemi. Les troupes italiennes ont dû se retirer des lignes atteintes le 8 septembre et maintenues avec une ferme valeur, pendant tout ce mois, contre les violentes contre-attaques quotidiennes, pour obéir à un ordre rendu nécessaire par la rupture du front à Caporetto, par la menace sur le flanc et aux épaules. Il serait pourtant vain de vouloir aujourd'hui fixer sur le terrain les phases de cette bataille. Mais cela ne signifie point que la Bainsizza ne reste pas le nom glorieux de l'un des principaux événements militaires de toute la guerre. La manœuvre par laquelle, après avoir franchi l'Isonzo sur quatorze ponts, on attaqua sur le flanc, tandis que se développait une large pression frontale, les boulevards successifs de cette forteresse naturelle constituée par le plateau de la Bainsizza, restera exemplaire. C'est pourquoi, même après le revers d'octobre, le Premier ministre anglais, rappelant avec une sincérité brutale les erreurs de l'Entente, avouait le dommage causé par le fait de ne pas avoir eu des forces et des moyens promptement disponibles à jeter

La classe sanitaire italienne s'est multipliée, et a accompli des prodiges d'abnégation, d'énergie, d'héroisme.

dans le passage ouvert par les troupes italiennes, pour frapper fortement l'ennemi, en visant à Lubiana.

L'Armée italienne a donné, par cette bataille, une nouvelle preuve de sa capacité offensive, malheureusement limitée non plus seulement par les dures difficultés d'un terrain montagneux coupé par des rochers de plus en plus hauts, mais encore par la large disponibilité de ravitaillements retrouvée par l'ennemi, libre désormais de puiser, suivant les besoins, troupes et artillerie au front oriental. Elle a montré encore une fois qu'elle pouvait se charger de rôles essentiels, tandis que, sur les autres secteurs du front de l'Entente, la lutte avait diminué d'intensité.

C'est ce que vit l'ennemi qui, dès lors, décida et prépara contre le front italien l'action offensive que la défection russe lui rendait possible, nous dirions presque nécessaire, si l'on considère que c'était le plus grand intérêt de l'ennemi de profiter du moment où tout le dommage militaire déterminé par la Russie coïncidait avec le minimum de secours de l'intervention américaine.

Mais ce ne devait pas être là une pure opération militaire organisée avec les critériums qui avaient déterminé l'offensive autrichienne manquée du mois de mai 1916. D'autres causes et d'autres inspirations de caractère moral et politique en rapport avec les nouveaux événements de la guerre, et principalement avec la dissolution russe, contribuèrent à la déterminer.

Avant tout, bien que le Commandement austro-hongrois disposât de la plus grande et de la meilleure partie de troupes et de moyens, déjà engagés au front russe, l'armée de la Monarchie n'était pas à même de pouvoir faire une offensive au front italien avec de bonnes probabilités de succès. La contre-offensive du Trentin et les onze batailles de l'Isonzo qui avaient eu leur point culminant dans celle de la Bainsizza avaient nettement affirmé la supériorité de l'armée italienne. Il aurait certainement manqué aux troupes de la Monarchie cette vigueur morale, cette décision, cette volonté qui, même dans la guerre mécanique d'aujourd'hui, sont nécessaires pour la victoire. Lorsque le Maréchal Conrad avait laissé le Haut Commandement pour prendre celui de l'armée du Trentin, espérant pouvoir réaliser ses anciens plans contre l'Italie, il y avait eu une dernière illusion sur la capacité offensive de l'armée austro-hongroise. Mais les offensives italiennes avaient forcé le même Conrad à employer tout son appareil dans la défensive, se contentant de pou-

La guerre blesse et la guerre guérit : à côté de l'œuvre sanglante des armes se trouve l'œuvre humanitaire de la Croix Rouge et de la Santé Militaire.

voir en obtenir la résistance opposée aux attaques italiennes qui suivirent, dans le Trentin, l'offensive du mois de mai sur l'Isonzo. Le maximum de force militaire qu'on pouvait obtenir des troupes de la Monarchie, fussent-elles même les meilleures, comme celles qui étaient engagées au front italien, c'était la défensive tactique, l'opposition obstinée pour chaque pied de terrain, adoptée par le général Borœvitch, qui bornait ses réactions à des contre-attaques locales, sans intentions ni desseins de larges développements.

L'offensive pacifiste.

Une action décisive au front italien devait donc solliciter l'humiliant secours allemand, comme cela avait déjà eu lieu après les défaites essuyées au front russe et au front balkanique; un secours qui aurait imposé, comme cela avait déjà eu lieu dans toutes les opérations contre la Russie, contre la Serbie, contre la Roumanie, la soumission du Commandement austro-hongrois au Commandement allemand. Nous avons déjà dit que le secours avait déjà été sollicité pour l'opération préparée pour le printemps 1917, mais non obtenu à cause des événements du front occidental. Probablement, si le tableau de la guerre était resté tel qu'il était avant la dissolution russe, le Commandement allemand aurait renouvelé son refus, décidé à maintenir les critériums militaires qui avaient provoqué la retraite défensive au front occidental, et qui poussaient à fond la guerre des sous-marins, la seule par laquelle l'Allemagne espérât briser la coalition mondiale de l'Entente.

Mais la dissolution russe, qui avait marché si rapidement, offrait à l'Allemagne un autre moyen de lutte contre l'Entente, moyen qui pouvait être mis en valeur par toute la préparation allemande antérieure de pénétration, de conquête souterraine, de large propagande organisée avant la guerre et qui avait réussi à se maintenir en partie même pendant la guerre.

Un moyen de lutte politique et morale, par lequel les principes de la Révolution russe — dont les phases avaient abouti directement à la violence internationaliste, au maximalisme, c'est-à-dire à un programme de destruction nationale pour un nihilisme universel — pouvaient trouver

Pour cette vaste organisation, la rapidité est une des conditions essentielles : que l'on juge combien le fonctionnement en est plus délicat et plus ardu sur l'impénétrable front italien. Dans cette mission encore, l'automobilisme a accompli des prodiges, sans cela impossibles : les ambulances sur des camions automobiles permettent de transporter en quelques heures les blessés, des régions les plus escarpées aux hôpitaux de camp et aux hôpitaux de l'arrière.

un terrain favorable de développement dans les Etats de l'Entente, qui avaient salué la Révolution russe comme une réalisation des idéologies démocratiques et se trouvaient violemment attirés vers les conséquences, grosses de catastrophes, des derniers maîtres de la dissolution de l'Empire de Pierre le Grand. Le moyen n'était pas nouveau dans les mains de l'Allemagne, exportatrice férocement organisée de tout, y compris les théories internationales et les ferments de décomposition des unités nationales pour les pays faibles, de peu de discipline ou soumis à des idéologies d'universalisme. Le socialisme allemand, qui s'était répandu en Europe au secours de l'impérialisme allemand, avait déjà voulu obtenir que l'Internationale se mît au service de l'Allemagne, en prêchant l'indifférence aux *statu-quo* créés par la force contre les unités nationales.

La catastrophe russe, dont les acteurs avaient tous eu le consentement et l'aide de l'Allemagne, jetait désormais l'espoir d'une résolution révolutionnaire du conflit. Sûre d'elle-même, sûre de manœuvrer une nation disciplinée, appuyée sur ses conquêtes militaires, l'Allemagne s'abandonna, à la moitié de l'année passée, à une véritable offensive pacifiste, obtenue par une propagande révolutionnaire, faite avec méthode, avec obstination, avec de larges moyens, en employant son organisation précédente, aussi formidable que son organisation militaire, en profitant de tous les événements qui se succédaient en Russie d'une façon vertigineuse. Contre cette dernière, elle conduisit seulement les opérations qu'elle jugea nécessaires, sans toutefois en épargner aucune, car il était certain que ses marches dans un sens ou dans l'autre (on ne pouvait plus parler de guerre) ne pouvaient provoquer aucune réaction durable en Russie, où l'armée était désormais détruite et où même ses opérations militaires, opportunément unies à une œuvre de corruption, tandis qu'elles lui assuraient la conquête de territoires qu'elle voulait mettre hors de discussion, étaient des coefficients efficaces des crises de gouvernement successives qui devaient effacer la plus faible trace d'autorité et de volonté nationale.

En intensifiant cette offensive pacifiste, favorisée par les erreurs de l'Entente; après avoir réalisé, par l'occupation de Riga et par celle des îles du Golfe de Finlande, tout ce qui était

La guerre moderne n'est pas seulement faite d'héroïsme militaire : elle se nourrit de toutes les énergies de travail d'une nation.

nécessaire à son programme d'agrandissement territorial; après avoir conclu avec la Russie un armistice secret, l'Allemagne crut pouvoir mettre en valeur son offensive pacifiste par une action militaire. Et comme l'Autriche-Hongrie sollicitait avec insistance le secours nécessaire pour agir contre l'Italie, qui avait réussi à maintenir la guerre sur le territoire ennemi, il lui sembla qu'une opération d'attaque au front italien pouvait être plus que jamais opportune, non seulement pour exploiter sans retard les avantages militaires encore existants après la bataille de la Bainsizza, mais encore et surtout pour déterminer sur le front occidental de l'Entente un écroulement semblable à celui de la Russie. L'Italie était jugée mûre pour un mouvement intérieur qui, au premier choc militaire, aurait éclaté et aurait déterminé la paix séparée.

Nous ne dirons point ici sur quels éléments, sur quels précédents l'ennemi comptait pour se considérer comme sûr du succès. Certes, l'Allemagne et son alliée comptaient pouvoir reprendre la position de domination tenue pendant l'alliance, lorsqu'elles avaient cru pouvoir arriver au conflit en laissant ignorer à l'Italie l'*ultimatum* à la Serbie et la décision de réaliser le plan longuement médité. La neutralité d'abord, puis la guerre de l'Italie avaient surpris l'Allemagne et l'Autriche; mais elles n'avaient pas compris quelles forces et combien de nouvelles forces ignorées l'Italie avait engagées dans le conflit. Il suffisait de frapper comme à une porte entr'ouverte, et l'Entente aurait perdu un allié, et la guerre aurait nécessairement marché vers la fin.

Il serait impossible de faire ici l'histoire de l'offensive austro-allemande au front italien : toutefois, celui qui devra la faire devra non seulement énumérer les forces rassemblées, les hommes, les canons, l'appareil mécanique, mais encore tenir compte de toute l'action tentée par tous les moyens, soit au front, le long des lignes, soit derrière l'armée, pour persuader que les Empires du centre, en attaquant, cherchaient et portaient la paix; qu'à la lutte il fallait substituer la fraternisation, une fraternisation réalisée à tout avantage de celui qui avançait contre celui qui cédait. La préparation de l'attaque de Caporetto fut une opération militaire, mais aussi une embûche morale et politique, dans laquelle tous les moyens furent employés : de la Révolution russe à l'appel à toutes les influences qui, de quelque manière,

L'effort industriel de l'Italie, de cet Etat né d'hier, n'est pas moins merveilleux que l'effort militaire. Voici un coin de l'un des nombreux établissements que la guerre a fait naître ou a développés : le colosse occupe à lui seul 40.000 ouvriers : on peut le regarder comme le rival des plus considérables d'Europe.

pouvaient, hors du pays et dans le pays, coopérer à la désagrégation des forces morales italiennes. Nous ne pouvons aujourd'hui mesurer entièrement la valeur de cette embûche; mais comme elle précéda le bombardement de la nuit du 24 octobre, nous devons ainsi aujourd'hui en constater l'existence, dans ce récit, après en avoir indiqué l'origine et les buts. Une autre arme, plus terrible que les gaz asphyxiants, que les sombres inventions des guerres modernes, avait agi avant l'attaque de Caporetto. On peut dire même que l'Allemagne se décida à l'action au secours de son alliée en comptant surtout sur cette arme. Et l'offensive fut faite.

L'Allemagne contre l' Italie.

Lorsque la collaboration allemande fut décidée, on assigna au front italien l'armée commandée par le général von Below. Des dépositions d'officiers prisonniers ont, d'un commun accord, affirmé que l'armée destinée, au temps de sa formation, à opérer au front russe, avait été largement pourvue de radeaux, de barques à fond plat pour le passage des grands fleuves. Mais, les actions militaires ayant été réduites au front russe à de simples promenades militaires ou à des opérations de police, l'armée fut rapidement préparée pour l'offensive contre l'Italie. Une large dotation d'artillerie de montagne fu assignée aux diverses unités, et le fameux *Alpen Korps* bavarois fut incorporé dans l'armée, qui réunit six divisions allemandes et sept autrichiennes. Comme toujours, dans les opérations de participation allemande directe, le plan fut préparé par l' Etat-Major allemand. On refusa tous les plans d'actions chers aux généraux autrichiens, à Conrad, à Dankl, à Borœvitch. Ni le secteur trentin, ni celui de la Carnie, ni celui de Gorizia ne parurent dignes de l'effort. Toujours confiant dans la possibilité d'une manœuvre enveloppante — qui assure au succès tactique, lorsqu'il est rapidement obtenu, un large effet stratégique — l' Etat-Major allemand prit en considération le secteur du haut et du moyen Isonzo, compris entre Plezzo et Tolmino.

La bataille de la Bainsizza, soit par la direction de sa plus profonde avancée, soit par

La fabrication des « supercalibres » a été énormément développée : la guerre sur terre les réclame non moins que la guerre sur mer.

une tendance explicable à en faire valoir les avantages obtenus au profit de Gorizia et du secteur de Gorizia, en pressant sur les positions ennemies des hauteurs à l'est de la ville, avait eu, dans les phases successives après l'heureux début, un développement toujours plus décidément à droite vers le sud, au point de se prolonger dans les sanglants combats sur le San Gabriele, qui furent, en septembre, au nombre des plus terribles de toute la guerre. Sur la gauche, au contraire, il n'y avait pas eu le développement qu'on n'aurait pu obtenir que dans un second temps, et c'est pourquoi la tête de pont de Tolmino avait été bientôt soustraite à la menace qui, dans les premiers jours de l'offensive, s'était prononcée contre elle. Ainsi, encore après cette action en grand style, la tête de pont de Tolmino restait telle qu'elle était depuis le premier mois de la guerre, et le coude de l'Isonzo était au pouvoir des Autrichiens, qui tenaient fortement encore la rive droite du fleuve dans un solide triangle de positions préparées pour la défense. Au sud de Tolmino, depuis Auzza jusqu'à son embouchure, tout le cours du fleuve était compris dans les positions italiennes; de même aussi, au nord-ouest de Tolmino, grâce aux occupations ayant leur point culminant dans la position du Montenero, le fleuve estait enfermé dans les positions italiennes. En conséquence, non seulement le secteur de Tolmino se présentait comme le point où restait la plus grande force autrichienne sur le front de l'Isonzo, mais, à travers ce dernier, on pouvait encore tirer le plus grand avantage de la supériorité laissée à l'ennemi par la ligne de frontière, que nous avons déjà décrite. En effet, comme les continuels succès italiens eux-mêmes avaient maintenu, et même accentué le déploiement des plus grandes forces de l'armée front à l'est, une large action offensive dans la direction sud-ouest, pénétrant dans les lignes italiennes précisément là où ces dernières étaient forcées de changer d'allure, aurait permis de développer largement tout succès initial par une menace directe et rapide contre la plaine du Frioul, et par suite sur le flanc et aux épaules du plus grand déploiement sur l'Isonzo.

C'est pourquoi on choisit pour l'attaque le secteur de Tolmino, où aurait opéré von Below. A sa droite, vers Plezzo, le général Krobatin devait étendre le plus largement possible la manœuvre enveloppante; à sa gauche, Borœvitch devait attaquer de front, pour engager les troupes et empêcher des déplacements.

Précédée d'un bombardement intense, l'at-

L'arme cyclopéenne doit être travaillée et achevée avec la méticuleuse exactitude d'un instrument scientifique : le mortier de gros calibre, trapu et effrayant, doit manœuvrer sur son affût avec la précision d'un mécanisme d'horlogerie.

taque fut lancée à l'aube du 24 octobre. A Volsana, en face de Tolmino le front italien fut brisé, et la principale colonne ennemie, profitant de la surprise, atteignit Caporetto, le long de la route parallèle au cours de l'Isonzo, se trouvant par suite aux épaules de nos positions situées de l'autre côté de l'Isonzo, et atteignant les extrémités des vallées du Judrio et du Natisone. Notre ligne ayant été ainsi brisée, l'ennemi poussa à l'extrême sa manœuvre enveloppante, sans se préoccuper d'attaquer de front les lignes de l'Isonzo où il avait été repoussé, sûr de les affaiblir à mesure qu'il assurait le développement de la manœuvre. Les troupes de Krobatin, operant dans le secteur de Plezzo, attaquèrent en conséquence le défilé de Zaga; après l'avoir franchi, elles tournaient au nord de Mont Maggiore, et, poussant le droite à travers la vallée de Resia, elles visaient directement le aut Tagliamento, non seulement pour couper le secteur carnique, mais encore et surtout pour empêcher tout déploiement dans la plaine du Frioul, tenant toute la ligne de montagne jusqu'au fleuve et menaçant ainsi avec sûreté notre gauche.

Tout l'arrière italien, organisé avec ses routes commodes et faciles, venait ainsi s'offrir à l'ennemi qui, pendant chaque heure de chemin sur la direction de l'ouest et du sud-ouest, faisait des pas de géant par rapport à toute la plus grande masse de l'armée italienne qui, depuis Auzza jusqu'à la mer, restait avec son déploiement front à l'est, tandis que l'ennemi s'approchait du Tagliamento avec un avantage progressif sur toute manœuvre des troupes italiennes.

La rapidité de l'action offensive qui, en exploitant l'avantage de la frontière inique, en profitait pour la manœuvre désormais facile, à cause aussi du concours de « circonstances extraordinaires », comme le dit ensuite le roi Victor-Emmanuel dans sa proclamation, la rapidité de l'action, disons-nous, imposa la rapidité de décision.

Il fallait se retirer sur le Tagliamento, même si le temps nécessaire pour une retraite stratégique venait à manquer, étant donné l'avantage déjà obtenu par l'ennemi dès le premier moment. Se retirer signifiait sauver tout ce qu'on pouvait de l'armée déployée sur l'Isonzo.

C'est pourquoi la partie de la deuxième armée qui, de Auzza au Vipacco, tenait le front intact ainsi que toute la troisième armée, déployée du Vipacco à la mer, reçurent l'ordre de se retirer.

La résistance d'Asiago au Piave.

Mais, dans ces conditions, il fallait desormais ne pas perdre de vue une autre menace: celle de l'armée de Conrad, renforcée d'hommes et de moyens dans une très large mesure, à laquelle la douceur exceptionnelle de la saison permettait d'agir avec une pleine promptitude.

La menace perpétuelle du coin du Trentin, toujours vive, toujours présente, victorieusement brisée au mois de mai 1916, prenait maintenant tout à coup une gravité exceptionnelle. L'idée fixe de Conrad pouvait être l'élément décisif dans le nouveau tableau de l'offensive. Conrad avait maintenant quelqu'un qui pouvait aller à sa rencontre en coupant la Carnie et le Cadore: l'armée de Krobatin. Les troupes de la Carnie ainsi que la quatrième armée, déployée le long de l'arc du front remontant de la Valsugana par les Dolomites, auraient été comme sciées par une facile jonction ennemie dans la zone reculée de l'arrière. La guerre de position était annulée d'un seul coup par l'allure la plus absurde qu'ait jamais eue un front de guerre, et telle que nous avons toujours dit de l'avoir présente à l'esprit pour comprendre les conditions d'infériorité de l'armée italienne.

Il fallait donc une deuxième décision rapide pour retirer les troupes de ces parties du front et les disposer sur une ligne de position qui permît de se mettre en face de l'ennemi suivant ses directions. Ainsi, tandis qu'une partie de la deuxième armée se retirait de l'Isonzo, pressée sur le flanc et aux épaules, et que la troisième armée allait vers le Tagliamento en retenant celle de Borœvitch, l'ordre fut donné aux troupes de la Carnie et de la quatrième armée de se retirer aussi, de manière que cette dernière se soudât avec la première armée, défendant les positions du Trentin.

Jamais une plus belle occasion ne s'était offerte au maréchal Conrad pour effectuer le plan auquel il s'était préparé, obtenant tout ce qu'il avait pu de l'Etat-Major autrichien. Il aurait suffi d'avoir de la promptitude et de la décision, et les conditions d'un nouveau déploiement italien seraient devenues désespérées. Conrad fut indécis, il ne comprit pas entièrement la manœuvre ordonnée par le Commandement italien. Lorsqu'il attaqua, la première armée était déjà sur les positions établies pour la jonction, dans la ligne entre le Brenta et le Piave, avec la quatrième armée, et déjà la troisième armée, après avoir effectué un premier arrêt sur le Tagliamento, un second sur la Livenza, avait pris position le long du Piave pour faire face à l'ennemi.

Toutefois, lorsque, le 10 novembre, se produisit le premier choc des forces ennemies contre nos nouvelles positions, tous les avantages étaient encore pour les assaillants. Les soixante-dix divisions, riches en moyens mécaniques, destinées à agir contre le nouveau front italien, beaucoup plus réduit que le premier, savaient qu'elles devaient franchir une défense improvisée, de quelques lignes, dépourvue de solides travaux de camp, avec peu d'artillerie, derrière laquelle devait opérer une armée diminuée, démoralisée par la retraite. En outre, la ligne des nouvelles positions se prêtait aussi à une large action stratégique, à la suite d'un fort succès tactique. En effet, si l'on avait franchi la ligne du Piave, toutes les positions front au nord et au nord-ouest, entre le Piave et le Brenta, et sur le plateau d'Asiago, auraient été menacées aux épaules; plus grave, une rupture du front entre le Piave et le Brenta, sur le massif du Grappa, aurait coupé en deux la défense italienne, en coupant la retraite aux troupes déployées le long du Piave; enfin, en triomphant de la résistance sur le plateau d'Asiago, l'ennemi se serait assuré le débouché dans la plaine, avec la possibilité d'actions menaçantes sur les centres vitaux. Enhardis par la victoire facile, obtenue à travers ce que l'on est convenu d'appeler « *l'éboulement de Caporetto* », les journaux autrichiens ne cachaient point cependant leur hâte de voir les troupes victorieuses de Boroevich accompagner leur Empereur Charles à Venise. Les journaux allemands parlaient déjà avec assurance de la marche rapide sur Brescia et sur Milan, qui aurait enlevé aux Italiens toute possibilité et même toute raison de résistance, et par suite de la possession, qui en aurait été la conséquence, de toute l'Italie septentrionale. L'Europe Centrale serait ainsi arrivée à la Méditerranée, et l'Entente, vu que la France aurait été menacée par la frontière italienne, n'aurait pu prolonger la guerre plus longtemps. Le plan ne paraissait point irréalisable, car un examen serein de la situation devait reconnaître qu'il y avait fort

Voici quelques modèles des énormes canons de 381, qui portent la ruine à plusieurs dizaines de kilomètres derrière les lignes ennemies. Cette production s'accomplit entièrement dans des usines italiennes : depuis le traitement du minéral jusqu'à la fusion des lingots, jusqu'à la fabrication de la bouche et de l'affût.

peu de probabilités d'une solide résistance sur la ligne Asiago-Piave; et qu'il y avait aussi peu de possibilités d'une résistance ultérieure, si la première avait été brisée. Les Empires Centraux se sentaient tout à coup, grâce à la défaite de l'Italie qu'ils croyaient certaine, plus près de cette rapide et pleine victoire continentale vers l'occident, qu'ils avaient regardée comme sûre en août 1914, lorsqu'ils comptaient sur la participation, soit même passive, de l'Italie à leur plan d'attaque, qui devait abattre la France et isoler l'Angleterre. Et cette fois, la victoire en occident aurait été remportée après la disparition de la Russie en orient : le véritable triomphe de l'Europe centrale.

Cette terrible victoire a été empêchée par la résistance inattendue, extraordinaire, que l'Armée italienne a opposée à l'ennemi avec ses seules forces. A la première nouvelle du succès de l'offensive austro-allemande, les Alliés avaient, avec une promptitude pleine de solidarité, pourvu à l'envoi de forces françaises et anglaises en Italie; mais des considérations complexes et aussi des exigences de temps empêchaient le Commandement italien de compter sur elles pour arrêter l'avancée ennemie. L'Armée italienne devait s'opposer à cette dernière, même après les graves pertes en hommes et en matériel subies en abandonnant la ligne précédente et pendant la retraite. « *Nécessité ne connaît point de loi* » fut de nouveau le mot d'ordre, non point de la violence agressive, mais de la défense à outrance, du sacrifice obstiné et confiant, comme il l'avait été en 1915. Les soldats italiens comprirent le devoir suprême et s'en firent une force que l'ennemi, surpris et puis humilié, ne sut point briser. L'Europe centrale était arrêtée.

Borœvitc attaqua d'abord, cherchant à passer le Piave au sud, en visant à Venise. Von Below et Krobatin attaquèrent ensuite entre le Piave et le Brenta, et Conrad sur le plateau d'Asiago. Borœvitch réussit à organiser quelque tête de pont, mais il fut arrêté. Von Below et Krobatin arrachèrent, avec de graves pertes, des positions avancées; mais le bastion du Grappa resta solidement au pouvoir des défenseurs. Conrad s'élança furieusement, obstinément, favorisé par une clémence de saison extraordinaire, encourageant ses soldats par la vue de la belle plaine de la Vénétie, où ils auraient trouvé du butin, du réconfort, une pleine victoire. Conduisant à l'attaque, après des bombardements formidables, des bataillons excités par le vin, par les liqueurs, par des promesses de récompense; espérant toujours s'approcher du but par des succès payés fort cher et qui demeuraient locaux, assurant qu'il pouvait réparer le coup manqué des premiers jours de novembre, le vieux maréchal, qui avait fait de la guerre à l'Italie le but de toute sa vie, de toutes ses études militaires, dut encore une fois se reconnaître impuissant. Il alterna ses coups avec ceux de Krobatin pour ne laisser ni répit ni souffle; mais cette tactique échoua aussi. A Noël, il lui sembla pouvoir atteindre son premier but : Bassano. Il ne réussit point.

Cependant, la ligne d'Asiago au Piave pouvait s'organiser, et l'ennemi perdait toute sa violente assurance. Les divisions anglaises et françaises passaient de l'arrière au front de bataille et s'encadraient dans le nouveau déploiement qui, regardé tout d'abord comme impossible, était devenu sûr grâce au courage inébranlable des soldats italiens, grâce à la ferme décision de la nation de résister à outrance. L'ennemi qui avait répété dans ses journaux qu'il attendait la révolte et la désagrégation en Italie, qui faisait pleuvoir, par milliers, des aéroplanes, les manifestes engageant l'Italie à suivre l'exemple de la Russie, dut confirmer que le grand plan avait échoué. « *Les circonstances extraordinaires* » qui avaient favorisé « *l'éboulement de Caporetto* » s'étaient changées tout à coup en circonstances, extraordinaires elles aussi, d'une résistance inattendue, d'une nouvelle union de la nation, sortie plus résolue de la douleur et de la calamité de l'invasion. Les réfugiés, qui avaient quitté par centaines de mille le territoire occupé pour ne pas se soumettre à l'ennemi détesté, portaient dans le pays comme l'exemple vivant et douloureux des souffrances endurées par les générations passées sous la domination autrichienne, et suscitaient de nouvelles énergies. L'Entente retrouvait dans l'Italie la même force qu'auparavant, nécessaire à sa lutte contre les Empires du Centre. L'ennemi se jetait dans les négociations de paix séparée avec la Russie et annonçait ses desseins d'offensive au front occidental.

L'Italie à son poste

Avec la nouvelle année, l'Armée italienne, pour laquelle chaque journée d'activité marque plus de validité dans son œuvre de reconstitution, a donné des preuves de son esprit d'offensive dans des opérations qui, même dans les rigueurs de la saison, ont donné des résultats remarquables pour la consolidation du front : à l'anse de Zenson, sur la droite du Piave; sur le Monte Asolone, à la gauche du Grappa; sur le Monte Val Bella, à la droite du plateau d'Asiago. Avec l'heureuse opération des Français sur le Monte Tomba, à la droite du Grappa, elles ont marqué le rétablissement de l'équilibre sur la ligne, elles ont repris la tradition des combats de 1916 et de 1917 jusqu'à la Bainsizza, où l'armée autrichienne avait dû se soumettre à notre initiative.

L'histoire de la guerre italienne racontée dans cette brochure a eu une obscure, une triste parenthèse. Cette parenthèse est fermée, et l'histoire a repris et reprend. Nous avions conquis des portions de territoire ennemi au prix de durs sacrifices, de hardiesse et de ténacité; nous en avons maintenant perdu une portion du nôtre, car quelques jours à peine, ou plutôt des heures terribles d'une sombre embûche ont ouvert un passage à une invasion facile. Nous avions accompli une organisation extraordinaire sur un front impénétrable, portant la vie et la force d'une armée parmi les sommets inaccessibles et sur les pierres du Carso; et cette organisation a dû être abandonnée, l'ayant perdue, nous, presque toute, si l'ennemi n'en a pu même acquérir qu'une partie. Nous avions accompli un effort mécanique pour doter notre armée de toutes les armes, de toutes les protections, pour organiser un arrière qui était un modèle de vie; et, en quelques jours, tout a été bouleversé. Si l'Armée qui se retirait, plus que sous la pression de l'ennemi, par suite d'une dure nécessité soudaine, si la Nation, surprise et étourdie par la terrible vicissitude, s'étaient arrêtées pour regarder une ruine si rapide, la douleur aurait pu devenir égarement et sombre désespoir. Mais non. La douleur est devenue force, volonté. L'Armée s'est battue là où rien n'était préparé, avec les moyens qu'elle avait; derrière elle, la Nation a maintenu la fermeté de son effort. Les peuples restent dans l'histoire avec leurs victoires, mais aussi avec les victoires les plus difficiles et les plus dures, celles par lesquelles ils triomphent de leurs propres défaites.

Rien ne doit donc être aujourd'hui oublié de tout ce que nous avons raconté dans les chapitres de cette brochure, si l'obscure parenthèse

Ce matériel d'artillerie est aussi de production italienne : les usines nationales ont développé une potentialité grandiose, le plus souvent ignorée à l'étranger.

est fermée, si le récit de la guerre italienne continue, si, après « *l'éboulement de Caporetto* », la résistance depuis Asiago jusqu'au Piave a arrêté encore une fois l'invasion allemande vers la Méditerranée, et a sauvé avec la cause de l'Italie la cause commune de l'Entente.

L'Italie se reconnaît dans l'Entente; l'Entente se reconnaît dans l'Italie. Dans la nouvelle phase de cette guerre qui s'ouvre cette année, l'antagonisme des blocs adversaires ne se déplace point. Il est même plus clair, plus défini. La défection russe, en supprimant un redoutable adversaire de l'Autriche-Hongrie, a pu favoriser cette dernière dans son astucieux dessein d'une paix qui puisse sembler acceptable à l'Entente; mais, par contre, il apparaît chaque jour davantage aux esprits clairvoyants que, par suite de cette défection, l'Autriche-Hongrie reste encore plus soumise à l'Allemagne, et soudée dans le bloc de l'Europe centrale. Combattre l'Autriche-Hongrie, c'est combattre l'Europe centrale. Réaliser les justes revendications et aspirations italiennes, c'est garantir à la future organisation de l'Europe une stabilité nécessaire pour empêcher l'hégémonie allemande; c'est assurer au monde une force de civilisation bienfaisante. L'Italie a conscience de cela et ne demande pas autre chose que cela. Dans la conscience sûre qui l'a toujours accompagnée et qui la soutient, elle a retrouvé la force de sortir de l'alliance avec les Empires du Centre dans une heure de crise tragique et de se refuser à un plan de facile conquête; de prendre la décision de la guerre, lorsque l'Entente était menacée par l'effort militaire qui s'abattait sur la Russie; de continuer, de résister avec fidélité et avec ténacité, même après la défection russe, même après l'épreuve obscure et terrible, en reprenant son poste et en engageant avec toutes ses forces son existence de nation.

Elle demande que cette conscience soit dans l'Entente, non seulement pour un engagement de loyauté, pour une observation de traités, mais surtout pour la cause commune qui doit comprendre, avec la victoire italienne, la lutte contre l'Autriche-Hongrie; car la coalition mondiale ne pourra jamais espérer s'opposer à l'hégémonie de l'Europe centrale, sans frapper cette dernière dans toutes ses parties avec toutes les forces qui la composent.

La production des géants de l'artillerie doit marcher du même pas que celle des pygmées.

Du 16 au 23 juin 1918.

Une synthèse suppose, pour être parfaite, que celui qui l'écrit possède chaque élément des faits qu'il veut raconter, pour pouvoir en résumer aussi l'épilogue.

Après les paroles du dernier chapitre, le tableau rapide du rôle rempli par l'Italie dans la guerre du monde peut-il être dit complet?

Non, car la terrible tragédie qui ensanglante l'humanité ne se trouve qu'à un de ses tournants.

Quand en écrira-t-on la dernière page?

Quelle que soit, en tout cas, la durée de la guerre et de quelque façon qu'elle alterne ses vicissitudes, avant le triomphe des puissances de l'Entente, auquel doit croire quiconque veut croire à la justice, les journées de guerre du 15 au 23 juin ne pourront jamais être oubliées pour l'Italie. Ce qui s'est passé dans cette semaine, sur le front italien, des Plateaux au Piave, a servi à montrer que tout l' empire austro-hongrois (plus de 50 millions de sujets), fort d'une armée à l'antique organisation traditionnelle, n'a pas été capable de mettre en échec les soldats italiens. Ce sont au contraire les soldats italiens — les vaincus de Caporetto, que, dans sa morgue, l'antique ennemi avait osé mépriser — qui ont été les vainqueurs. L'Italie, plus petite, et proportionnellement pour cela moins forte, a repoussé une offensive à laquelle toute l'armée autrichienne s'était préparée pendant plusieurs mois de soins patients; notre ennemi héréditaire n'a même pas profité de l'avantage de ses positions, qui le rendaient stratégiquement formidable. Rien n'à servi à l'envahisseur, qui, après une courte occupation de quelques kilomètres de territoire sur la rive droite du Piave, a vu ses superbes divisions repoussées et terriblement décimées. Les tentatives sur les Plateaux ont été également vaines, grâce aussi à l'effort concordant des Alliés, représentés par quelques divisions anglaises et françaises.

L'Autriche, battue, n'a pas voulu, naturellement, s'avouer vaincue par les hommes. Elle a parlé, pour s'excuser, d'une crue momentanée du Piave, qui l'aurait empêchée de poursuivre l'invasion. Mais, tout de suite après la défaite, elle en admettait la gravité, en destituant ses généraux les plus orgueilleux, et en acceptant de Berlin un chef suprême — on dit alors : von Below — pour ses forces déployées sur le front italien. Pourquoi destituer les généraux, si la faute devait être attribuée aux pluies du ciel?

Les pièces de campagne et de petit calibre, les nombreuses variétés de bombardes — cette arme ancienne et toute moderne, à laquelle l'Italie, la première, a donné une organisation rationnelle — sortent par milliers des usines de l'Italie.

Les Italiens ne se sont point exaltés à l'heure de la victoire. Ils avaient brisé le choc de toutes les forces autrichiennes et les avaient repoussées; même en France, les drapeaux de plusieurs régiments italiens flottaient au vent, à la défense de Reims; en Italie, les artilleries anglaise et française tonnaient aussi; mais le peuple, qui ne s'était point laissé accabler par le désastre immérité de Caporetto, n'a point perdu la possession de lui-même, comme s'il était étonné de sa propre rescousse.

La victoire du mois de juin 1918 nous est apparue militairement remarquable, car elle pouvait donner plus de temps, pour arriver, aux soldats américains, destinés à changer le sort du conflit et à déplacer le nombre à l'avantage de l'Entente, durement éprouvée sur les champs de bataille de France. Mais cette victoire nous a été chère surtout parce qu'elle a une haute signification morale.

On juge mal l'Italie si on la suppose seulement encline à un fort scepticisme. Pendant ces années de guerre — voilà l'épilogue que l'on peut écrire même pendant que la guerre continue — nous avons senti, comme tous les autres peuples de l'Entente, que les énergies morales sont inviolables et que celui qui les viole ne le fait pas impunément jusqu'à la fin. Qu'avait été moralement l'offensive de l'Autriche contre l'Italie, cette offensive annoncée avant le mois de juin comme une entreprise de déprédation pour le soulagement d'une armée affamée?

Comment les Autrichiens pouvaient-ils se sentir excités à l'héroïsme, dans une entreprise de conquêtes médiévales, à la vue des camions-automobiles préparés pour ramasser les dépouilles du pillage dans la Vénétie et dans la Lombardie?

Orgueilleux, féroces, méprisants, les chefs de l'armée ennemie avaient lancé leurs troupes sur les Italiens comme les bêtes féroces s'élancent sur leur proie. La conséquence a été que les Italiens, non les Autrichiens, en ont reçu une excitation héroïque, car ce sont eux, non les ennemis, qui se sont battus contre une rapacité qui menaçait toute l'existence de la nation.

N'est-ce pas là, d'ailleurs, le secret de toute la résistance de l'Europe et du monde, contre la menace de l'hégémonie prussienne?

N'est-ce pas pour cela que la Belgique et la Serbie sont esclaves, mais non domptées?

N'est-ce pas pour cela que la France, bombardée dans ses églises, à Paris, tandis qu'elle prie Dieu pendant la solennité du Vendredi-Saint, non seulement ne cède pas, mais semble même ressusciter ses morts, pour les lancer encore dans la mêlée? N'est-ce pas pour ce sentiment du droit violé que l'Angleterre a créé une armée et que l'Amérique traverse les océans? Il y a une unité stratégique du front, dont s'occupent les hommes de guerre, et l'Italie est sûre qu'aucun des Alliés ne voudra jamais l'oublier. Mais il y a, mystérieuse, haute, et toute grande, une unité morale : la sainteté de notre cause.

Cette unité morale a rendu les puissances de l'Entente inépuisables en sacrifices, et on aura un épisode, que l'histoire devra rappeler, de cette fécondité inépuisable qui nous donnera le succès, dans la résurrection victorieuse grâce à laquelle, du 15 au 23 juin 1918, les Italiens on repoussé et battu l'armée de l'Empereur Charles Ier.

FIN.

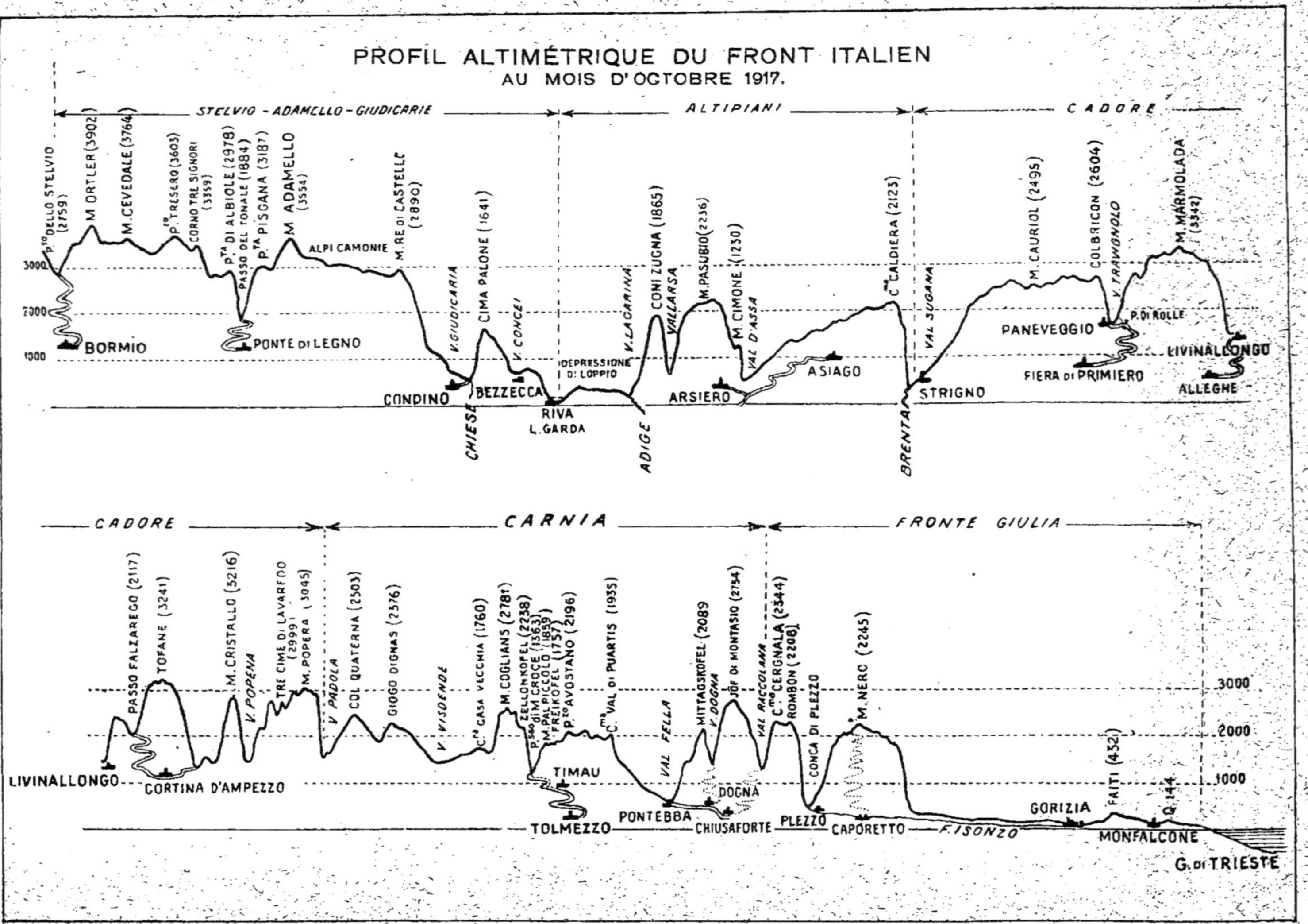
PROFIL ALTIMÉTRIQUE DU FRONT ITALIEN
AU MOIS D'OCTOBRE 1917.
STELVIO - ADAMELLO - GIUDICARIE
ALTIPIANI
CADORE
P.SO DELLO STELVIO (2759)
M. ORTLER (3902)
M. CEVEDALE (3764)
P.TO TRESERO (3603)
CORNO TRE SIGNORI (3359)
P.TA DI ALBIOLE (2978)
PASSO DEL TONALE (1884)
P.TA PISGANA (3187)
M. ADAMELLO (3554)
ALPI CAMONIE
M. RE DI CASTELLO (2890)
V. GIUDICARIA
CIMA PALONE (1641)
V. CONCEI
DEPRESSIONE DI LOPPIO
V. LAGARINA
CONI ZUGNA (1865)
VALLARSA
M. PASUBIO (2236)
M. CIMONE (1230)
VAL D'ASSA
C.MA CALDIERA (2123)
VAL SUGANA
M. CAURIOL (2495)
COLBRICON (2604)
V. TRAVIGNOLO
M. MARMOLADA (3342)
P. DI ROLLE
3000
2000
1000
BORMIO
PONTE DI LEGNO
CONDINO
BEZZECCA
RIVA
L. GARDA
ARSIERO
ASIAGO
STRIGNO
PANEVEGGIO
FIERA DI PRIMIERO
LIVINALLONGO
ALLEGHE
CHIESE
ADIGE
BRENTA
CADORE
CARNIA
FRONTE GIULIA
PASSO FALZAREGO (2117)
TOFANE (3241)
M. CRISTALLO (3216)
V. POPENA
TRE CIME DI LAVAREDO (2999)
M. POPERA (3045)
V. PADOLA
COL QUATERNA (2503)
GIOGO DIGNAS (2576)
V. VISDENDE
C.RA CASA VECCHIA (1760)
M. COGLIANS (2781)
ZELLONKOFEL (2238)
P.SSO DI M. CROCE (1363)
M. PAL PICCOLO (1859)
FREIKOFEL (1757)
P.ZO AVOSTANO (2196)
C.MA VAL DI PUARTIS (1935)
VAL FELLA
MITTAGSKOFEL (2089
V. DOGNA
JOF DI MONTASIO (2754)
VAL RACCOLANA
C.MO CERGNALA (2344)
ROMBON (2208)
CONCA DI PLEZZO
M. NERO (2245)
FAITI (432)
Q. 144
3000
2000
1000
LIVINALLONGO
CORTINA D'AMPEZZO
TIMAU
TOLMEZZO
PONTEBBA
DOGNA
CHIUSAFORTE
PLEZZO
CAPORETTO
F. ISONZO
GORIZIA
MONFALCONE
G. DI TRIESTE

NOTES

La publication de cette brochure est due à l'initiative du Touring Club Italien, et a été faite grâce aux moyens fournis par les souscripteurs dont la liste se trouve plus bas.

La brochure a été publiée dans les éditions: italienne, française, anglaise, allemande, espagnole, portugaise, et il en a été fait un tirage total d'un million d'exemplaires.

Les photographies ont été fournies par le Haut Commandement, par le Bureau Spécial de la Marine Royale, par la Croix Rouge, et par quelques particuliers.

Le texte est du Lieutenant Roberto Forges Davanzati.

Ont versé L. 10.000:

Banca Commerc. Italiana — Marelli Ercole e Marelli Ercole e C. (di cui 5.000 person. e 5.000 della Ditta) — Nav. Gen. Ital., Lloyd Italiano, la Veloce, l'Italia — Soc. An. Coop. Commissionaria Lino e Canapa — Soc. An. « Ilva » — Soc. An. Ital. Gio. Ansaldo & C. — Soc. Ital. Ernesto Breda — Soc. Tubi Mannesmann.

Ont versé L. 5.000:

Bonacossa Cav. Marco e Soc. An. Manif. di Rivarolo e S. Giorgio Can. (di cui 3.000 person. e 2.000 della Società) — Borletti F.lli — Comitato della Dante Alighieri di Rio Janeiro — « Corriere della Sera » — Credito Italiano — De Marchi Dott. Cav. Marco — F.I.A.T. — Fiat S. Giorgio — Fabbrica Candele Steariche di Mira — Gruppo Piemontese — Lanificio Rossi — Marazza L. & C. — Metallurgica Bresciana già Tempini — Pirelli & C. — Revel Gius. e Soc. per l'Esportazione e l'Industria Italo-Americana (di cui 4.000 della Società e 1.000 personali) — Sinigaglia Ing. Oscar (Consigl. Deleg. della Soc. An. Ferrotaie) — Soc. An. Agenzia Generale di Vendita dei Cementi Portland e delle Calci Idrauliche — Soc. An. delle Miniere di Mercurio del Monte Amiata — Soc. An. Fabbrica Automobili e velocipedi E. Bianchi — Soc. An. Ferriere di Voltri — Soc. An. Fonderia Ambr. Necchi — Soc. A. Isotta Fraschini & C. — Soc. An. Ital. Dinamite Nobel — Soc. An. Meccanica Lombarda — Soc. An. Miniere Sulfuree Trezza Albani-Romagna — Soc. An. per Costruzioni Navali e Meccaniche — Soc. An. per Costruz. Aeron. Ing. O. Pomilio & C. — Soc. An. Trafilerie e Laminatoi di Metalli — Soc. An. delle Acciaierie di Terni e delle Wickers-Terni — Soc. Esercenti le Regie e Nuove Terme di Montecatini — Soc. Ital. Metallurgica Franchi Gregorini — Soc. Ital. Prodotti Esplodenti — Soc. per lo sviluppo dell'Aviaz. in Italia (Aeroplani Caproni) — Unione Consumatori di Carbone (Valutazione di concorso carbone) — Unione Ital. fra Consumatori e Fabbricanti di Concimi e Prodotti chimici.

Cerpelli A. & C., L. 3.500.

Ont versé L. 3 000:

Assicuraz. Gener. Venezia — Banca Ital. di Sconto — Camera di Commercio e Industria di Roma — Cartiere Vonwiller & C. — Compagnia di Assicuraz. di Milano — Cotonificio Cantoni — Istituto Nazion. delle Assicuraz. — Parodi Eman. Vitt. e Corderia Nazion. già Carrena & Torre (di cui 2.000 person. e 1.000 della Società) — Soc. An. Acciaierie e Ferriere Lombarde — Soc. An. di Esplodenti e di Prodotti Chimici — Soc. An. « Eternit » — Soc. An. Fond. Ital. L. Balconi — Soc. An. Ital. di Assicurazione contro gli Infortuni — Soc. An. « La Moto Aratrice » — Soc. An. « Nitrum » Scerno Gismondi & C. — Soc. An. Oleifici Nazion. — Soc. An. Robinetterie Riunite — Soc. An. Unione Stearinerie Lanza — Soc. delle Cartiere Meridionali — Soc. Gen. Ital. Edison di Elettricità — « Spa » Soc. Ligure Piemontese Automobili — Soc. Naz. delle Officine di Savigliano.

Soc. An. Tensi, L. 2.700 — Associazione Granaria, L. 2.125.

Quelques sociétaires du T.C.I. et quelques membres de la Chambre de Comm. It. de S. Francisco (California) L. 2052.45.

Ont versé L. 2.000:

Bertarelli F.lli — Borsalino Comm. Teresio — Brioschi Achille & C. — Consorzio Bollonieri — Coop. Ital. Incendi e Vita — Coop. Novarese Fabbr. Munizioni — Costruz. Mecc. Riva — Cotonificio di Trobaso — Ditta Zanoletti Ferdinando — Federaz. degli Armatori Liberi Ital. — Fonderia Milanese di Acciaio — A. Gussi & Cella — Manif. Ital. Cinghie Massoni & Moroni — Officine Meccaniche Stigler — Origoni & C. — Soc. An. Enrico Dell'Acqua & C. — Soc. An. Fond. di Cogoleto — Soc. An. Ligure per la Raffineria degli Zuccheri — Soc. An. Puricelli « Strade e Cave » — « Metalgraf » Soc. An. Unione Arti Graf. sui Met. — Soc. An. « Züst » Fabbr. Autom. — Soc. per la filatura dei Cascami di Seta — Soc. Ital. Ernesto De Angeli per l'Industria dei tessuti stampati — Transatlantica Italiana.

Soc. An. Cartiera Ital. L. 1.925 — Soc. An. «La Filotecnica» Ing. A. Salmoiraghi & C. (di cui 1.000 della Soc. e 500 person. del Sen. Ing. A. Salmoiraghi) L. 1.500 — Soc. Ital. di Servizi Maritt. L. 1.500 — Soc. Metall. Vittorio Cobianchi, L. 1.500 — Soc. di Prodotti Chimico-Farmaceutici, A. Bertelli & C., L. 1.500.

Ont versé L. 1.000:

Assicuratrice Italiana — Banco di Roma — Barberis Pasquale — L. Baroni & C. — Ing. Giov. e Anita Barosi — Bassetti Giovanni — Bernocchi Antonio & F.lli — Figli di Gius. Bertarelli — Bisleri Felice & C. — Calzaturificio di Varese — Camera di Commercio e Industria di Alessandria — Camera di Commercio e Industria di Brescia — Camera di Commercio ed Industria di Genova — Camera di Commercio ed Industria di Torino — Cantieri Navali Riuniti — Cartiera di Maslianico — Cartiera Pirola & C. — Cartiere P. Andrea Molina — Cassa di Risparmio delle Provincie Lombarde — Cinzano Francesco & C. — Compagnia Ital. di Assicur. «La Fondiaria» — Coop. Fabbr. Projetti — Cotonif. Valli di Lanzo — Ditta Franc. Bolis fu G. B. — Ditta Mulatti succ. Ceretti & Mulatti — Ditta Servettaz Giovanni — Elli, Zerboni & C. — Fabbr. Autom. Lancia — Fabbr. di stoffe di Seta Edoardo Stucchi — Fachini Ing. V. & C. — Folonari Italo — Galimberti G. B. & Figli — Gilio Paolo & C. — «Itala» Fabbr. Autom. — Lanificio V. E. Marzotto — Lloyd Sabaudo — F.lli Maino & C. — Manifatt. Rotondi — Manifatt. Stamp. Lombarda — Marzotto Gaetano & Figli — Offic di Villar Perosa — Offic. Mecc. Ital — Offic Metall Broggi — Pomini Luigi — Redaelli Giuseppe e Fratello — Riunione Adriatica di Sicurtà — Rivetti Giuseppe — Rusconi Fratschini & C. — G. Sesana & C., Cartiere di Crusinallo — «Sicilia» Società di Navigazione — Società Anglo-Romana per l'Illuminazione di Roma — Società Anonima Bacini e Scali Napoletani — Società An. Banchiero — Società An. Calzif. Ambrosi — Soc. An. Commerciale di Oriente — Soc. An. Commission. di Esportaz. — Soc. An. Conciaria Valle Olona — Soc. An. Concerie Ital. Riunite — Soc. An. Costruzioni Aeron. «Savoia» — Soc. An. Costruz. Meccaniche — Soc. An. Cotonif. Amman — Soc. An. Cotonif. F.lli Dell'Acqua — Soc. A. Cotonif. Dell'Acqua Lissoni Castiglioni — Soc. An. Cotonif. Valle Ticino — Soc. An. Benigno Crespi — Soc. An Esercizi Molini — Soc. An. Filat. di Tollegno — Soc. An. Egidio e Pio Gavazzi — Soc. An. Giov. Gilardini — Soc. An. Grandi Fucine Ital. — Soc. An. Giov. Hensemberger — Soc. An. Industr. Reunidas F. Matarazzo — «San Giorgio» Soc. An. Industriale — Soc. An. Industrie Metallurgiche — Soc. An. Ital. di Assicurazione contro la Grandine — Soc An. G. B. Izar — Soc An. la Commerciale Fanciolı — Soc An Laminatoio Nazionale — Soc. An Lanificio Nazion Targett — Soc. An. Lavorazione Carboni Fossili e loro Sottoprodotti — Soc. An Ledoga — Soc. An Lubrificanti Ernesto Reinach — Società An. Magazzini Raccordati nuova Stazione Centrale — Soc An Manifatt Ital. di Juta — Soc. An. Manifatt Tosi — Soc An Materiali Refrattari — Soc. An. Metallurg Giacomo Corradini — Soc. An. Metallurgica Antonio Rusconi — Soc. An. Miniere di Cogne — Soc. An. Off. di Battaglia — Soc. An. Off. Elettroc. Dr. Rossi — Soc. An. Off. Galileo — Soc. An. Officine già F.lli Diatto — Società Anonima Officine Insubri — Società Anonima Officine Maiocchi — Società Anonima Nathan-Uboldi — Soc. An. Preda Piero — Soc. An. A. Reina — Soc. An. Stabilim. Farmaceutici Riuniti «Schiapparelli» — Soc. An. Tecnomasio Italiano Brown-Boveri — Soc. An. Ing. V. Tedeschi & C. — Soc. An. Unione Manifatture di Parabiago — Soc. An. Vacuum Oil Company — Soc. An. Veneta Costruzioni Meccan. e Fonderia — Florio & C. Soc. An. Vinicola Italiana — Soc. An. Zuccherificio e Distilleria Alcools Gulinelli — Soc. Ambrogio Binda & C. — Soc. Calce e Cementi di Testi — Soc. Ceramica Richard Ginori — Soc. Chimica Lombarda — Soc. Dell'Acqua Pia Antica Marcia — Soc. delle Miniere di Montecatini — Soc. di Monteponi — Soc. Elettromecc. Galileo Ferraris — Soc. Gen. Elettr. dell'Adamello — Soc. Gen. Ital. Accumulatori Elettrici — Soc. Idroelettr. di Villeneuve di Borgofranco e Soc. Franco Ital. Esplosivo Cheditte — «S.I.A.I.» Soc. Idrovolanti Alta Italia — Soc. Industriale Italiana — «Nafta» Soc. Ital. del Petrolio ed affini — Soc. Ital. di Elettrochimica — Soc. Ital. di Prodotti Alimentari Maggi — Soc. Ital. Industria Gomma e Hutchinson — Soc. Ital. Industr. Zucchero — Soc. Ital. per la fabbric. dell'Alluminio — Soc. Ital. per il Carburo di Calcio — Soc. Ital. Prodotti Azotati — Soc. Mecc. Italo-Ginevrina — Soc. Naz. di Trasporti F.lli Gondrand — Soc. Odorico & C. — Soc. Paganini, Villani & C. — Soc. per Lavori Pubblici ed Imprese Industriali — Soc. per l'incremento dell'Aviazione, Aerodromo di Cameri — Soc. Rom. per la Fabbricazione dello Zucchero — Soc. Rom. Tramways-Omnibus — Soc. Ing. Nicola Romeo & C. — Soc. Saccarifera Genovese — Soc. Venez. Industria Conterie — Solvay & C., Stabilimento di Rosignano Marittimo — Stabil. Stefano Johnson — Tapparelli Mario fu Pietro — Trucchetti ing. Giovanni — Weil Comm. Federico — Soc. An. Zucchereria Nazion. — Adria, Soc per la fabbr. dell'alcool e dello zucchero dalle barbabietole — Zuccherificio Agricolo Piacentino — Zuccherificio d'Imola — Zuccherificio Lendinarese — Ing. Roberto Züst, Soc. in Accomandita.

Tessiture Seriche Bernasconi L. 600.

Ont versé L. 500:

Aboaf A., Materiali per Costruzioni Ferrov. — «A. G. F. A.» Agenzia Generale Forn. Aeron. — Badoni A. & G. — Ballerio Ing. Mario — Banca di Legnano — Banca Generale della penisola Sorrentina — Banca Popolare di Milano — Banco Sete — Bombrini Parodi Delfino — Bozzi Emilio & C. — Broglia & C. — Calzificio Montanari e Studer — Calzificio Reggiano — Cambiaghi Cav. Giuseppe Presid. Soc An. Gius. Cambiaghi — Camera di Commercio di Bergamo — Camera di Commercio di Cremona — Camera di Commercio dell'Umbria — Camocini & C. — Cederna A. & C. — Centenari e Zinelli — Henry Coe & Clerici — Colombo Abramo & C. — Comi Ing. Felice & C — «C I B S» Comp. Ital. di Bronzi Speciali — Cotonificio Somaini & C. — G. A. F.lli Dell Era — «Dinamo» Soc. Ital. per Imprese Elettriche — Ditta Ing De Franceschi & C. — Ditta Macchi Passoni di Angelo Passoni & C. — Ditta Giov. Masneri di Rastellini & C. — Ditta Gustavo Modiano & C. — Ditta Giuseppe Moneta — Ditta

Successori Folcioni & Steffenini — Fabbriche Riunite di Fiammiferi — Ferrario Carlo — Ing. Ferraris & C. Gruppo Industr. Piem. per Materiali di Artiglieria — Ten. Roberto Forges Davanzati (per patriottica rinuncia) — Foschi & C già Guerrini & C. — Gallieni, Viganò e Marazza — Lamperti & Garbagnati — « L'Infrangibile » Avv. Celeste e Dr. Cav. Luigi Besozzi — Macchi e C — Mackenzie Evan — Manifattura di Lane in Borgosesia — Muggia Mario — Officine Meccaniche Giuseppe Pozzi — Officine Mecc. Armando Zanotta, Lampugnani & C. — Pelizzola Paolo — Picchetti Davide — Pontecorvo Pellegrino & C. — Primo Sindacato Agrario Cooperativo — Santoni D. L. — Scuola di Ragioneria e Commercio Cavalli e Conti — G. Silva & C. — Soc An. Birra Peroni — Soc. An. Cartiere Pietro Miliani — Soc. An. Coltellinerie Riunite di Caslino e Maniago — Soc. An. Cotonif Ligure — Soc An Cotonif. Furter — Soc. An Cotonif. di Spoleto — Soc An Cotonificio di Strambio — Soc. An. Cotonif. Udinese — Soc. An. Cesare Crippa — Soc. An. per distrib. di energia elettr. Ing. A. Banfi — Soc. An. Esercizio Bacini — Soc. An. Fabbrica di Sali di Bario, Concimi ed altri Prodotti chimici — Soc An. Fabbriche Riunite degli agricolt. Ital. — Soc An. Fecolerie Ital. Riunite — Soc. An Filatura Makò — Soc An. Fonderie Subalpine — Soc. An. Fossati-Lamperti — Soc. An. Frera — Soc. An. Riccardo Gualino — Soc. An. Laborat. Elettrot. Luigi Magrini — Soc. An. Lavorazione Zinco F.lli Morteo — Soc. An. Maglieficio A. Boglietti — Soc. An. Metallurgica Ossolana (già V. E. F.lli Ceretti) — Soc. An. Miniere di Bacu Abis — Soc. An. Miniere e Fonderie di Antimonio — Soc. An. Officine di Energia Elettrica — Soc. An. Officine Elettro-Meccaniche — Soc. An. Officine Feroviarie Liguri — Soc. An. Officine Manfredi Bongiovanni — Soc An. Orobia Elettricità, Gas, Acqua potabile — Soc An. Passuello & Provera — Soc. An Silos — Soc An Smalteria Italiana — Soc. An Stabilimento Minerario del Siele — Soc. An. Torcitura di Borgomanero — Soc. An. Unione Esercizi Elettrici — Soc. An. Western Electric Italiana — Soc Ceramica Italiana — Soc. Ceramica Lombarda — Soc. Coloniale Italiana — Soc. di Macinazione Molini Certosa — Soc. Elettrica della Sicilia Orientale — Soc. Figli di Silvio Santini — Soc. Gener. delle Conserve Aliment. Cirio — Soc. Gener. Macchine Edili — Soc. Ing. F. Bastianelli & C. — Soc. Italiana Westinghouse — Soc. Italo-Orientale « Email lite » — Soc Leonardo da Vinci — Soc. Ligure per l'Industria dell'Acido Tannico — Soc. Navigazione Alta Italia — Soc. Nazionale per Gasometri ed Acquedotti — Soc Piemont. per la fabbricazione del Carburo di Calcio e prodotti affini — Soc. Venez. di Navigazione a Vapore — Stab. di Legatoria Torriani & C — Stab. Elettromeccanico Ing. Biso Rossi & C. — Tanfani e Bertarelli — Tonolli A. & C. — Vignati Fabio & C. — Volontè Giuseppe Soc. An. « Al Vulcano » — Zari F.lli.

De nombreux amis du T. C. I. ont versé des sommes considérables. Le montant de la souscription s'élève (Août 1918) à L. 650.000 environ.

CETTE PUBLICATION · PARAISSANT EN UN MILION D'EXEMPLAIRES · DANS LES ÉDITIONS ITALIENNE · FRANÇAISE · ANGLAISE · ALLEMANDE · RUSSE · ESPAGNOLE ET PORTUGAISE · EST GRATUITEMENT RÉPANDUE À L'ÉTRANGER GRACE AUX CONTRIBUTIONS RECUEILLIES PAR LE

TOURING · CLUB · ITALIEN ·

www.ingramcontent.com/pod-product-compliance
Ingram Content Group UK Ltd.
Pitfield, Milton Keynes, MK11 3LW, UK
UKHW021827230726
13924UKWH00015B/1599

9 782019 919832